中国历史

田余庆
戴　逸　著
彭　明

中国大百科全书出版社

图书在版编目（CIP）数据

中国历史 / 田庆余，戴逸，彭明著.— 北京：中国大百科全书出版社，2010.1

（中国大百科全书. 名家文库）

ISBN 978-7-5000-8033-6

Ⅰ.中… Ⅱ.①田…②戴…③彭… Ⅲ.中国—历史—通俗读物 Ⅳ.K209

中国版本图书馆CIP数据核字(2009)第225537号

总 策 划　龚　莉
策划编辑　赵　焱
责任编辑　赵　焱　盛　力
资料编写　姜　军　贾　珺
图片来源　中国大百科全书出版社图片中心
　　　　　FOTOE
封面设计　古　手
责任印制　乌　灵

中国大百科全书出版社出版发行
北京阜成门北大街17号　邮政编码：100037　电话：010-88390732
http://www.ecph.com.cn
新华书店经销
北京精艺前景图文设计有限公司排版、制作
北京地大天成印务有限公司印刷
开本：720×1020　1/16　印张：12　字数：150千字
2010年1月第1版　2015年7月第3次印刷
印数：10001～13000册
ISBN 978-7-5000-8033-6
定价：36.00元

编写说明

《中国大百科全书》全面介绍了人类已有知识，被誉为“中国现代最伟大的文化工程”、“一切才智之士的知识背景”。全书是中国大百科全书总编辑委员会和中国大百科全书出版社先后组织的3万余名专家学者智慧的结晶，其中汇聚了各个领域的名家巨匠。这些名家所撰写的各类条目，为我们留下了弥足珍贵的记忆，甚至许多名家的文字已成为时代的绝响。这些名家所撰写的知识主题涉及各个领域，他们以精当简洁的文字，系统概括了一门学科的全貌，虽然篇幅短小，但充满深厚的学识积淀。

今天，为了让名家们的智慧成果惠及更多在快节奏社会生活中奔波的学子和大众读者，我们特编辑出版了《中国大百科全书·名家文库》系列。图书的主体是名家为《中国大百科全书》撰写的某一知识门类的概观性文章或某一学科领域重要的条目。此外，为使图书更具普及性及观赏性，编辑根据原文的发展脉络，提取了相关的政治、经济、历史、军事、科技、文化、宗教、地理及人物、传说、事件、著作等诸多知识点，作为知识链接，通过对正文知识点和背景知识的补充说明，帮助读者加深对名家文字的理解，并在版式上将正文中的链接知识点及链接注释文字，以同种颜色表示，其他趣味性、历史性等知识点也以另色字体表示，以利于读者识别和阅读。另外，还配以体现当时历史风貌或与正文、链接文字相关的图片，从图、文两方面辅助读者阅读，并作以适当知识延展。而这些知识链接的补充说明也大部分取自《中国大百科全书》这一浩瀚的知识宝库。可以说，《中国大百科全书·名家文库》是将百科全书通俗化、深入大众并适应时代潮流的一种有意义的探索和尝试。我们希望，通过名家文字的引领，能帮助读者找到通往智慧之门的捷径，并通过形象、通俗的图文形式，让读者享受到知识所带来的愉悦。

目 录

中国历史

中国历史叙述自远古以来中国国土开辟、社会进化、经济文化发展、政治演变的简明过程。最晚在百余万年以前，中国先民就已在东亚大陆栖息繁衍。大约到公元前21世纪，出现了有阶级和国家组织的夏朝。公元前221年，中国第一次出现大一统局面，从此以后，又经历了2000余年的王朝统治。

中国地境辽阔，孳生人口众多，文化广被四邻，有文字可考的历史延绵不断近4000年之久。没有别的国家同时具备这些条件。

中国历史是中国各民族诞育和发展的历史。它的发达的封建社会，曾创造了同时代世界最高的文明。但是当西方某些地区跨入资本主义，特别是当西方资本主义列强入侵中国之后，中国越来越落后了。1911年辛亥革命推翻帝制，创立民国，中国获得了前进的新起点。1949年中华人民共和国的建立，开辟了在社会主义道路上振兴中华的前景。

原始人群和氏族制社会
——从远古到公元前21世纪

中国大地上的原始人群

在中国大地上，除了个别省区之外，都有分属于考古学上称为旧石器时代的早、中、晚期的文化遗存出土，共计已有200余处。已知中国最早的原始人类化石发现于云南元谋，距今约170万年。

中国境内旧石器时代早期最重要的人类化石，是北京人。第一个完整的北京人头盖骨化石，是1929年发现的。北京人生活在70万至20万年以前，处于猿人阶段，能直立行走，有语言功能，脑量接近现代人。他们群体穴居，使用粗糙的石器，过着采集和狩猎生活，知道用火并能保存火种。

旧石器时代

旧石器时代距今约250万年至约1万年，一般分为早、中、晚三期，分别相当于能人和直立人阶段、早期智人阶段、晚期智人阶段。这个时期的人们制造和使用打制石器来辅助打猎和采集。总体来说，旧石器时代早期的人类已学会用火，中期出现骨器，晚期的人类已能制造简单的组合工具，开始形成了母系氏族。元谋人、蓝田人和北京人基本上都处于这一时期。

◇旧石器时代蓝田人使用的石器

旧石器时代中期的重要人类化石，有马坝人、长阳人、丁村人等。丁村人发现于山西襄汾，处于古人阶段，距今约十余万年，其体质已接近现代人，使用的工具远比猿人进步。

旧石器时代晚期的人类化石，出土更多，主要有柳江人、山顶洞人、河套人等，距今约数万年至万余年，处于新人阶段，体质形态上原始性已基本消失。他们能使用骨针缝制衣服，活动范围比较广泛。这个阶段的人群，已开始步入氏族社会了。

母系氏族社会

母系氏族社会是氏族社会的早期阶段。缓慢扩大的原始人群，在晚期智人阶段逐渐排除了兄弟姐妹间的婚姻关系，夫妻分居在各自的母系氏族中，婚姻生活采取丈夫走访妻子的形式，子女随母，世系和财产继承也从母系。加上当时女性从事的采集经济比男性从事的渔猎经济收获稳定，是维系族人生活的基本保证，使妇女在氏族中具有崇高的威望，掌握氏族的领导权。

父系氏族社会

原始社会后期，农牧业的迅速发展和制陶技术的提高，使男子在生产中占据主导并掌握了社会财富，母系氏族社会便转化为父系氏族社会。父系氏族社会的特征是，氏族由一个男性祖先和他的子女以及他的男性子孙的后代组成，子孙都随父亲，世系由男性传递，财产也按父系继承。

◇仰韶文化晚期411号房址地画，绘于火塘和后墙之间的地面上。

母系氏族社会和父系氏族社会

缓慢扩大的原始人群，在新人阶段逐渐排除了兄弟姐妹间的婚姻关系，形成妇女居主导地位的母系氏族社会。到了考古学上所称的新石器时代，出现了农业，妇女从事农业劳动，主持分配。

中国境内的新石器时代遗迹遍及全国，有一些是完整的村落遗址。农业、畜牧业、制陶业发达起来。在黄河流域发现的著名的考古学文化，有仰韶文化和龙山文化。仰韶文化距今约7000~5000年，是母系氏族社会的发达时期。龙山文化距今约4000余年，在龙山文化时期，男子在社会上已取得主导地位，父系氏族社会取代了母系氏族社会。夏和商的文化，与龙山文化有明显的继承关系。北方和南方各地区还有许多其他的新石器文化系统，它们之间以及它们与仰韶、龙山文化之间的关系，都非常复杂。

中国许多历史传说，如有巢氏巢居，燧人氏钻木取火，伏羲氏结网，神农氏尝百草，都隐约反映中国先民在其发展的特定阶段的生活经历。黄河流域姜姓炎帝族、姬姓黄帝族共与九黎蚩尤族斗争的传说，黄河下游太昊氏与少昊氏的传说，反映了氏族社会时期部落之间的关系。至于尧、舜、禹活动和禅让传说，则是由血缘氏族部落进入地域氏族部落联盟历史的反映。

禅让传说

禅让是中国原始社会部落联盟民主推选首领的制度，最早记载于《尚书》之中，但其真实性一直存在争议。所谓“禅让”，据说是要首领躲在树林中，然后由族人拥戴他出来。就这样尧禅让帝位给舜，舜又禅让帝位给禹，禹继位后也曾举皋陶为继承人，结果皋陶早死，于是又以伯益为继承人，而伯益又被启杀死，禅让制终止。

◇蜷体玉龙，新石器时代红山文化最具有代表性的玉器。

黄河流域著名的考古学文化

仰韶文化

仰韶文化是黄河中游地区重要的新石器时代文化，距今约7000～5000年。1921年在河南省渑池仰韶村首次被发现，所以称为仰韶文化。它的分布在整个黄河中游地区，目前已发现上千处仰韶文化遗址，其中河南省和陕西省的最多，也是仰韶文化的中心。仰韶文化的生产工具以较发达的磨制石器为主，骨器也相当精致；既种植粟和黍，也饲养猪狗等家畜，还从事狩猎、捕鱼和采集。仰韶文化的制陶工艺相当成熟，器物规整精美，多为细泥红陶和夹砂红陶，所以也称“彩陶文化”。按时间跨度与分布地域的不同，仰韶文化可以分为半坡类型、庙底沟类型和西王村类型。

◇彩陶鱼纹盆，仰韶文化半坡类型。

龙山文化

龙山文化泛指黄河中下游地区的新石器晚期文化遗存，因发现于山东省章丘的龙山镇而得名，距今约4350～3950年。其农业和畜牧业较仰韶文化有了很大的发展，生产工具的数量及种类都有增长，快轮制陶技术比较普遍，磨光黑陶数量多、质量精，甚至能够薄如蛋壳，达到了中国制陶史的顶峰，所以也称“黑陶文化”，同时也是中国青铜器文化的形成期。当时已进入父权制社会，私有财产已经出现，开始跨入阶级社会门槛。

◇黑陶瓶，新石器时代晚期龙山文化。

中国上古神话传说故事

有巢氏巢居

有巢氏又称大巢氏，相传是他发明并教民众建造木巢，以防范野兽侵袭。有巢氏既是发明巢居的那个人的称号，也是那个人所在氏族的代号。有巢氏因为庇护民众的功德而获得了崇高的地位，成为他所在氏族的代表人物甚至是领袖。

伏羲氏结网

伏羲又叫太昊伏羲，据说有许多发明，如发明“八卦”代表天地间的事物。而关于伏羲氏结网渔猎的传说，许多古书都有同样的记载。伏羲氏从蜘蛛结网得到启示，创造并教人们用网进行渔猎。网使人们既能捉飞鸟、走兽，又能捕鱼、捞虾，渔猎成果大量增加，解决了天下的饥饿劫难。生产力的发展，使历史由狩猎时代走向了畜牧时代。

燧人氏钻木取火

燧人氏是中国上古神话中人工取火的发明者，他改变了人们茹毛饮血的生活。现在河南商丘还流传有“燧人击石取火”的神话：燧人氏所在的氏族是新石器初期的一个母系氏族，他们以打猎为生。人们在狩猎中，击打野兽的石块与山石相撞时产生火花，启发了燧人氏，发明了钻木取火。关于他的神话反映了中国原始时代从利用自然火，进化到人工取火的情况。

神农氏尝百草

神农氏是传说中的上古帝王，也称炎帝。神话中说他是牛头人身、脏腑透明的人，是农耕和医药的发明者。汉代《神农本草经》记载：“神农尝百草，日遇七十二毒，得茶而解之。”说的是当时人们常因乱吃东西而生病甚至丧命，神农为此决心尝遍百草。能吃的放在身体左边的袋子里，介绍给别人吃；不好吃的就放在身体右边袋子里，作药用；不能吃的就提醒人们注意。自他以后，中国进入了农耕社会。他的传说实际上体现了从游牧到定居、从渔猎到田耕的历史转变，从旧石器时代向新石器时代的跨越。

黄帝

黄帝是传说中的上古帝王轩辕氏。据传他出生几十天就会说话，少年时思维敏捷，青年时敦厚能干，成年后聪明坚毅。在炎帝神农氏管治后期，中原部族间的战乱不止，逐渐形成炎帝、黄帝、蚩尤鼎立的局面。炎帝与黄帝结盟对抗蚩尤取胜后，炎帝不满与黄帝成为天下共主，企图夺回失去的地位，于是两族在阪泉展开决战，最终黄帝取得胜利。从此，黄帝天下共主的地位得以确立。相传黄帝有许多发明，如文字、音乐、历数、衣裳等。他被奉为中华民族的始祖。

◇轩辕黄帝像

蚩尤

上古时九黎族的部落酋长，中国神话中的战神。相传有八脚、三头、六臂，铜头、铁额，刀枪不入。蚩尤曾率81个兄弟举兵与黄帝争天，在涿鹿展开激战。作战时，蚩尤不吃、不休，勇猛无比。黄帝不能力敌，便请天神帮忙。最终蚩尤被黄帝所杀，黄帝把他埋葬后，首级变成了血枫林。黄帝尊蚩尤为“兵主”（即战神），并把蚩尤的形象画在军旗上，鼓励自己的军队作战。后人为了歌颂黄帝便丑化蚩尤，使他沦为妖魔、邪神形象。

◇河南新郑始祖山轩辕阁黄帝故事（传说）壁画——黄帝战蚩尤。

尧舜禹的传说

◇尧帝像

尧

尧是传说中的上古帝王，姓尹祁，号放勋。因封于唐，故又称“唐尧”。尧的品质和才智都非凡绝伦，他即位后举荐本族德才兼备的贤者，使族人紧密团结，做到“九族既睦”；又考察百官政绩，区分高下、奖善罚恶，使政务井然有序；同时注意协调各个邦族间的关系，教育百姓和睦相处。传说在尧的时代，首次制定了历法，人民能够依时按节从事生产活动。尧禅位于舜是最为人们称道的。他在位70年，在选择继任者时请四岳（传说中尧舜时代四方部落的首领）推荐人选，四岳推荐了舜。尧经过长期的考察后，就把帝位禅让给了舜，而不是传给自己的儿子。

舜

舜是传说中的上古帝王。因建国于虞，又称为虞舜或有虞氏。相传舜因为能对虐待、迫害他的父母坚守孝道，在20岁时便以孝行而闻名。舜执政的当年，就巡守各地、祭祀名山、召见诸侯、考察民情，并决定每5年巡视天下一次，其余时间让各地诸侯到京城觐见。舜将天下分为12州，以河道确定各州的边界，加强了对地方的统治。舜年老时，与尧一样禅位让贤，由威信最高的禹继任。

禹

禹是传说中与尧、舜齐名的贤圣帝王，姒姓，名文命，是黄帝的玄孙，夏后氏首领。禹的父亲鲧治水失败，舜将其放逐。禹则接过父亲未竟的事业，三过家门而不入，以疏导的方式治理了水害。因治水有功，后人称他为大禹。其功绩除治水外，还有划定中国国土为九州，带领人们在田间引水灌溉，种植粟、黍、豆、麻等作物，还让人们在地势低洼的地方种植水稻。后来大禹之子启创建了中国第一个奴隶制国家——夏，故后人也称他为夏禹。

◇2002年春，北京保利艺术博物馆从海外文物市场上买回的一件叫做遂公盨的西周青铜器铭文里，记载了大禹治水的情况，成为其最早的文物例证。

国家的形成，统一的君主专制国家的逐步出现
——夏至秦的统一（公元前21世纪~前221年）

夏

夏是中国历史上第一个王朝，约公元前21世纪由河南西部和山西南部的夏部落建立。禹以后，夏朝父子兄弟传袭，历17王，400余年。

在夏部落最早活动地区，近数十年来陆续发现多处介于晚期龙山和早商之间的文化遗存，与文献所记夏朝年代、地域符合，夏史逐渐得到考古的印证。不过，确凿的夏文字迄今未发现。

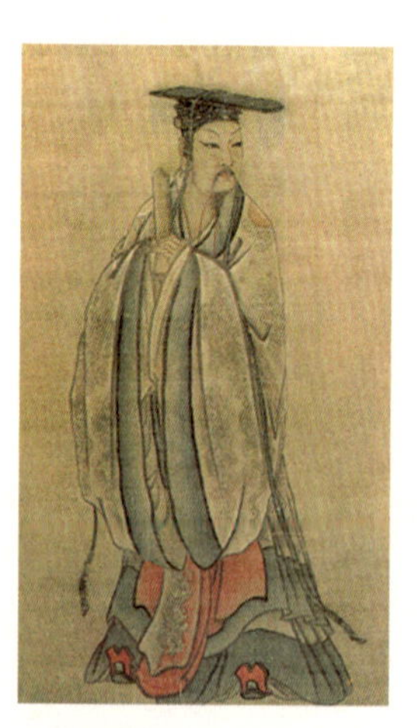

◇夏禹王像

夏代经济以农业为主，使用石蚌骨木工具，偶见铜器。统治者治水以保障农业生产，制历法以定农时。渔猎还有重要经济地位。阶级、国家的出现，王位世袭的确定，刑法和贡赋制的建立，都引起守旧势力的反抗，但新制度毕竟取得胜利。夏末国王履癸（桀）昏暴，人民反对，被征服部落叛乱，夏朝被商朝取代。

商

商朝是活动于黄河中下游的商部落建立的。始祖契，相传曾随夏禹治水。商部落居处屡次迁徙，至盘庚定都于殷（今河南安阳），因此商又称殷。商朝共传17世，31王，历时500余年，其中迁殷后至灭亡共历273年。商朝历史由于得到殷墟出土甲骨文（占卜刻辞）和青铜器铭文的证实，比较准确。

甲骨文

甲骨文主要指殷墟甲骨文，又称为“殷墟文字”、“殷契”等，是中国商代后期（公元前14世纪至前11世纪）王室用于占卜记事而刻（或写）在龟甲和兽骨上的文字。19世纪末在殷代都城遗址（今河南安阳小屯村）发现。甲骨文有5000多种不同的文字图形，其中已识别的有1500多字，已具备了象形、会意、形声、指事、转注、假借的造字方法，可见甲骨文已是相当成熟的文字系统。甲骨文的内容涉及天文、历法、气象、家族、人物、职官、征伐、刑狱、农业、畜牧、交通、祭祀、灾祸等，是研究中国古代特别是商代历史的珍贵资料。

◇刻在牛骨上的甲骨文

商人经济以农业为主。甲骨文中有不少与农业有关的记事，如祈年、祈雨、“畓田”等。阴阳合历的历法也见于甲骨文。主要粮食作物是黍、稷。粮食还用于造酒。主要的农业劳动者是称作“众人”的奴隶，有些奴隶来源于罪人和俘虏。平民也从事农业生产。牲畜饲养具有重要意义，后代六畜之名均见于甲骨文。衣着所用有麻布和丝织物。狩猎活动似以娱乐为目的。

◇司母戊鼎

司母戊鼎

司母戊鼎是中国商代后期（约公元前14世纪至前11世纪）王室祭祀用的青铜方鼎，1939年3月19日在河南安阳武官村的农地中出土，因腹部有“司母戊”三字得名。现藏中国国家博物馆。司母戊鼎高133厘米，横长110厘米，宽79厘米，重875千克，是中国已发现最重的青铜器。它既是中国青铜器冶铸技术的珍品，也是当今世界上出土青铜器之冠。

商代是青铜器时代，炼铜制器技术已达相当高度。大器如重至875千克的司母戊鼎，小器如车马饰物，多兼有艺术价值和实用价值。除殷墟外，北方以及长江流域各省多有铜器出土。

王位继承中兄终弟及普遍，晚期始多父子相传。国家制度比较完备。与周边各方国常有战争，士卒动用一次可达数万。国事和国王活动往往要先问鬼神，办法是炙灼龟甲、牛胛骨，据裂纹判断朕兆，刻辞为记。甲骨文就是这样保留下来的。

商朝后期，统治者腐化日甚。帝辛（纣）虽取得对东夷作战的胜利，但终于耗尽国力，被西方的周部落所灭。

西周

周部落兴起于渭水支流漆水一带，姬姓。始祖后稷，名弃，长于种植。以后周人迁豳（今陕西旬邑），再迁岐山（今陕西岐山）周原，进入阶级社会，逐渐兴盛起来。周文王名昌，重农业，开境土，迁都于丰（今陕西西安西南），

◇姜嫄与后稷。传说弃的母亲姜嫄，有一次到野外因把自己的脚放到了巨人的脚印中而怀孕，生下一个小男孩，这就是弃。弃生来就喜欢种植五谷，能够分辨土质的好坏。帝尧和舜的时候，分别请他负责农业事务并参与治理洪水的工程。由于功绩卓著，弃被舜封为后稷，封地在邰，赐姓姬。后来人们奉他为农神。

与商关系日益密切。周武王即位，建镐都于丰之东。约公元前11世纪，武王灭商建周，史称西周。西周传11世12王，历时200余年。

周封纣子武庚于商都以治商遗民，而以武王诸弟管叔、蔡叔等监武庚。周成王时，武王弟周公旦辅政，武庚联合管、蔡叛周。周公平叛，统治扩及东方。周大规模分封同姓和异姓诸侯，诸侯尊周王为共主，岁时朝觐贡纳，为周藩屏。各诸侯国的开拓发展，实际上就是土地垦殖区域的扩大。西周与江汉地区的荆楚、淮河流域的淮夷、西北的严允（犬戎）、北方的鬼方，都有频繁交往，包括战争。远在东北的肃慎，也与周发生贡纳关系。

◇透雕羽文戈，陕西岐山出土。

◇文王囚羑里，选自《新刊全相平话武王伐纣》。羑里城是中国历史上有文字记载的第一座国家监狱。

周文王

姬姓，名昌，中国商代末年周部落的首领。商纣时为西伯，即西部诸侯之长，建国于岐山之下，亦称西伯昌。相传他在位50年，为灭商作了充分准备，但未及出师便死去，谥号为文王。他是很有作为的创业主，重视发展农业生产和广罗人才，传说其被商王囚禁期间在狱中写下《周易》一书。

周武王

姬姓，名发，姬昌的次子，周朝的建立者。因商纣暴虐无道，他继承父亲遗志，于公元前11世纪率诸侯伐纣，建立西周，定都镐京（今陕西西安西南）。武王建周后，为巩固新政权又采取了许多政策和措施：首先，采取了以殷治殷、分而治之的办法，安抚殷商遗民。其次，分封功臣谋士，采取封邦建国的方略对全国进行统治。在位19年，谥号武。

周公

姬姓，名旦，文王姬昌第四子。因封地在周(今陕西岐山北)，故称周公或周公旦。西周时期的政治家和军事家。武王死后，其子成王年幼，由周公摄政。其间他平定叛乱、大行封建、营建东都、制礼作乐、建立典章，最终还政于成王，对巩固和发展周朝的统治起了关键作用。周公不仅是卓越的政治家、军事家，还是思想家和诗人，是孔子最崇敬的古代圣人，曾为梦不到周公而感到难过万分。

◇周公辅成王画像石，徐州汉画像石艺术馆藏。

土地所有权属于周王。周王在王畿，诸侯在国中，都可以以亲疏为准，把土地按卿大夫—士的等级逐次分封。土地上的臣民也随同封授。受封者对封者有相应的义务。这是一种土地分配与宗法相联系的制度。主要劳动者是庶民。有人认为庶民是半自由的农夫，所以这种制度是典型的封建领主制;有人认为庶民是奴隶，所以这种制度是奴隶社会的等级制。周朝实行的井田制，其性质亦因上述的见解分歧而无定论。

井田制

井田制是中国古代社会的土地国有制度。“井田”最早见于《榖梁传·宣公十五年》：“古者三百步为里，名曰井田。”夏代曾实行过井田制。商、周的井田制因夏而来。道路和渠道纵横交错，把土地分隔成方块，形状像“井”字。井田属周王所有，分配给庶民使用。井田周边为私田，中间为公田，领主不得买卖和转让，还要交一定贡赋。春秋时期，随着社会生产力的提高，井田制瓦解。

◇西周毛公鼎，传陕西省岐山县出土。

西周农具种类增多，主要还是用石蚌骨木做成，也出现了一些青铜农具。农产品种类增加，畜牧在经济中的比重下降。青铜器制作地点比过去广泛，铜器风格逐渐呈现地域特点。铜器铭文是研究西周历史的重要资料。出现了作为交换媒介的贝和铜块，但常见的还是实物交换，例如用一匹马和一束丝交换五个奴隶。

西周经历了一个稳定发展时期后，逐渐走向衰败。周厉王垄断山泽之利，又压制国人言论，引起暴动，出现了“共和行政”。共和元年即公元前841年，是中国古史有确切纪年之始。公元前771年，申侯引犬戎攻西周，杀幽王，西周亡。

卿大夫、士及分封

西周实行分封制，周天子以“受命于天”自居，有至高无上的地位。王位由嫡长子世袭继承，其他庶子被分封为各地诸侯。他们在各自封国内又是同姓宗族的大宗，其王位也是由嫡长子世袭继承，其余庶子作为小宗分封为卿大夫。卿大夫在各自封地里又是同姓宗族的大宗，其封爵由嫡长子世袭继承，其余庶子作为小宗分封为士。因此而形成天子、诸侯、卿大夫、士等各级宗族贵族组成的金字塔式等级制机构。各个等级之间的相互关系，既是大小宗关系，也是上下级关系。每一个等级必须服从上一个等级，并有义务纳贡、服役等。

◇封建分封世袭制与宗法制示意图。从上到下分为天子、诸侯、卿大夫、士和庶人等级别。

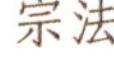

宗法

宗法制是按照血统远近以区别亲疏的制度，在原始氏族社会时就有萌芽，但作为完整的制度是在周朝出现的。宗法制的关键内容是实行嫡长子继承制，目的在于稳固贵族阶级的内部秩序。这一制度依靠自然形成的血缘亲疏关系以划定贵族的等级地位，从而防止贵族间对于权位和财产的争夺。在宗法制度下，从始祖的嫡长子开始传宗继统，并且世代均由嫡长子承继。

共和行政

西周的厉王十分残暴，禁止人们谈论国事，违者处死。厉王还将国人（平民）本来可以自由利用的山、林、川、泽收归国有，引起国人的强烈不满，怒骂谴责，沸沸扬扬。而厉王则命卫国神巫监视国人。公元前841年，国人暴动，厉王仓皇逃走，逃到彘（今山西霍州）。厉王出逃后，朝政由周公、召公共管，史称“周召共和”或“共和行政”。

◇《四方是孚副图》，表现周召共和时周代的繁荣。清代孙家鼐《钦定书经图说·君奭》插图。

春秋战国

公元前770年周平王自镐京东迁洛邑，春秋时期开始。其后，王室衰微，在140多个诸侯国中涌现出一批强国，先后竞夺霸权。齐、晋、楚、秦加上宋，史称五霸，但有异说。公元前475年至前221年为战国时期，十余国中赵、韩、魏、齐、楚、燕、秦七国战争不断。春秋和战国合称东周。

五霸

历史上将先后称霸的五个诸侯称为“春秋五霸”。一般指齐桓公、宋襄公、晋文公、秦穆公和楚庄王。另一种说法是齐桓公、晋文公、楚庄王、吴王阖闾、越王勾践。诸侯大国争霸，说明了周朝王权的削弱。面对新兴地主阶级的夺权，周朝社会处于“礼坏乐崩”的境地。

◇退修诗书，选自明代《圣迹图》。孔子看不惯鲁国礼崩乐坏的局面，不求做官，专心修诗书，订礼乐。

春秋时齐国发达最早。齐桓公(前685~前643在位)任用管仲，国势强大，在戎、狄交侵中拯救了一些中原小国，抗拒了楚国北上。公元前 651年，诸侯盟会于葵丘（今河南民权东北），齐桓公成为霸主。继为霸主的晋文公（前636~前628在位）继续抗拒楚国北进，主持了践土之盟。此后，秦穆公（前659~前621在位）称霸于西戎；楚庄王（前613~前591在位）则北向窥测周王室，于败晋后称霸中原。公元前546年宋国向戌倡议召集弭兵（编者注：停止战争）之会，各国承认晋楚霸权。前6世纪下半期，江南吴国崛起，一度进占楚都。公元前482年吴王夫差（前495~前473在位）开江淮运河北上，会诸侯于黄池（今河南封丘西南），成为霸主。公元前473年，越灭吴。

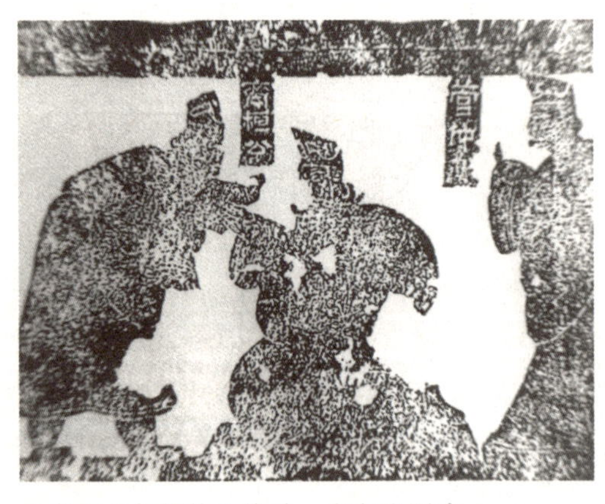

◇齐桓公与管仲画像砖，山东嘉祥出土。

管仲（？~公元前645）

春秋时期齐国的政治家、军事家。名夷吾，字仲，颍上(今属安徽)人。经鲍叔牙力荐，为齐国上卿（即丞相），被称为“春秋第一相”，辅佐齐桓公成为春秋时期的第一霸主。管仲重经济、反空谈、主改革。齐桓公尊管仲为“仲父”，让他主持政治和经济改革：政治上推行国、野分治的参国伍鄙之制，即由君主、二世卿分管齐国，并在国中设立各级军事组织；经济上，对土地实行租税改革，禁止贵族掠夺私产，发展盐铁业，铸造货币，调剂物价。管仲改革实现了富国强兵的目标。对外，管仲提出“尊王攘夷”战略也获得成功。

中原地区的国家，本来是许多块不相衔接的垦殖区，春秋时期逐渐连结起来。各国接触增多，战争频繁。私田垦辟增加使井田制趋于破坏。租税制也出现相应改变。春秋战国之际是社会变化的关键时期，但对于变化性质史学界迄无定论，有说是封建领主制转向封建地主制，有说是奴隶制转向封建制，有说是奴隶制由较低阶段转向较高阶段。

◇布币。布币是春秋至战国晚期铸行并流通的铲形货币。“布”是“镈”的同声假借字，在古代通用。布币是从青铜农具镈演变而来的。按时间先后分为早期空首布、晚期平首布两大类。前者主要是周王室及晋、卫、郑、宋等国货币，后者为战国时韩、赵、魏、燕、楚等国货币。

◇齐国邦法化刀。刀币是春秋战国时期铸行的各种刀形货币的总称。最早起源于春秋时期齐国，由刀首、刀身、刀柄和刀环四个部分组成。齐刀币含铜量达到了70%以上，制作精美，是刀币的代表作。战国时期刀币已流通于齐、燕、赵等国。种类很多，有齐国的三字刀、四字刀、五字刀、六字刀及齐名刀、博山刀等，还有燕国的针首刀、尖首刀、明字刀等。

战国时期，铁器广泛使用，牛耕、施肥、水利应用于农业，耕垦速度和质量大为提高。铁、铜、盐、纺织、陶器、漆器等手工业都相当发达，有官营也有私营。市场商品种类多，金属货币大量使用。城市人口大增，齐都临淄多至七万户。商人兼并农民、农民弃本（农）逐末（商）的现象引起统治者和政治家的忧虑，许多国家实行重农抑商政策。

社会结构变化显著。新的自耕小农成为农业生产主力。手工业者、商人具有独立的身份。宗法贵族分化，出现了俸禄制的官僚和各种士。士可以上升为官僚，也可以下降为农民。雇佣劳动时有所见，奴隶劳动仍广泛使用。豪强兼并农民并使之成为依附者的现象，也开始出现。

各国竞用士人，推行变法。魏、楚、齐、韩、秦国相继变法，其中秦国的商鞅变法成就最显著。商鞅立什伍连坐法以控制人民，把民间大家庭析为小家庭以增加纳税服役的单位，力耕致富者减免负担，经商及怠惰致贫者罚为奴隶，以军功受爵高低决定其占有土地、奴婢数量。以后又令统一度量衡，以县制代替封邑制，废除井田。商鞅变法使落后的秦国富强起来。

◇车裂商鞅，明刻本《新列国志》插图。

商鞅变法

商鞅变法是商鞅于公元前356年在秦国实施的改革，对战国末年秦国的崛起发挥了重要的作用。商鞅（约前390~前338），卫国（今河南安阳一带）人，战国时期政治家，法家代表人物。公孙氏，名鞅，他是卫国国君的后裔，故又称卫鞅。后封于商，后人称之商鞅。秦孝公任用他变法。商鞅对经济的改革是以废除井田制、实行土地私有制为重点，对政治的改革是以彻底废除旧的世卿世禄制，建立新的封建专制主义中央集权制为重点。秦孝公死后，商鞅失去了权力基础，太子和保守派对商鞅处以车裂酷刑。商鞅变法顺应了历史潮流，对秦的兴起和日后的统一大业产生了深远影响。

《论语》

儒家学派的经典著作之一，由孔子的弟子及其再传弟子编纂而成。“论”是论纂的意思，“语”是话语、箴言，“论语”即是论纂（先师孔子的）语言。它以语录体和对话文体为主，记录了孔子及其弟子言行，集中体现了孔子的政治主张、伦理思想、道德观念及教育原则等。通行本《论语》共20篇。论语的语言简洁精练，含义深刻，其中有许多言论至今仍被世人视为至理。《论语》集中阐述了儒家思想的核心内涵——仁。“仁”是一切理论的中心，所有的关于“仁”、“乐”的规范，都不过是手段，是为实现“仁”这一道德的最后完美服务的。《论语》作为中华文化的经典，早在秦汉时期就传入了朝鲜和日本，1594年传教士利玛窦将它译为拉丁文后，又被转译为意、法、德、英、俄等文字，在西方广泛传播。

◇孔子像

文化学术也有相应变化，出现了许多学术流派。儒家创始人孔丘（即孔子，前551~前479），没落贵族出身，熟悉古代典籍，多有新解。孔子重人事而不重天命鬼神，其伦理思想的核心是仁。仁就是爱人，就是克己复礼。他主张为政宽惠而不苛猛。他本着有教无类精神，把教育向较低社会阶层推广，这种精神，正是战国人才辈出的一个重要原因。他的言论被汇集为《论语》一书。后世的儒家五经，即《诗》、《书》、《礼》、《易》、《春秋》（加《乐》则称六经），据说都曾经孔子审定。战国时儒家最重要的代表人物是孟轲（即孟子，约前372~前289）和荀况（即荀子，约前313~前238）。孟子主张人性善，鼓吹行仁政；荀子主张人性恶，主张人定胜天。孔孟的儒学在后世处于独尊地位，对中国历史及中国民族发展影响很大。

战国时诸子百家竞起。与儒家并称显学的墨家，创始人墨翟（即墨子，约前468~前376）反对战争，提倡兼爱；反对奢侈，提倡节俭。墨家还主张假鬼神力量以制约人主的行为。道家的老子主张天道自然，无为而治。他认为对立因素可以转化，这是朴素的辩证思想。庄周（即庄子，约前369~前286）对自然和社会的万事万物持相对观点，崇尚自然无为。法家认为社会是不断进化的，社会前进有赖君主权威，而加强君主权威必须法、术、势并重。法家学说集大成者为韩非（约前280~前233）。李悝撰有《法经》，已佚。出土的云梦秦简保存了战国时秦国法律的许多内容。诸子中的兵家，留传至今的有孙武所作《孙子兵法》，是杰出的军事著作。20世纪70年代山东出土了《孙膑兵法》以及《尉缭子》等书（竹简）。

◇屈原像

文学方面，屈原（约前340~约前278）的《离骚》，是中国文化中的瑰宝。史学、天文历算和其他科学技术，春秋战国时都有贡献。

各国经济发展和变法改革，加强了国力，刺激了兼并欲望，因此战争规模更大，也更频繁。战国前期魏国最强，于公元前344年率先称王。接着秦国

李悝（前455~前395）

战国初期魏国政治家、法学家。也作李克。曾是魏国丞相，为魏国的富强作出了很大贡献。在选才方面，李悝强调有赏有罚，唯才是用；在经济方面，认为田地的收成要和付出的劳动成正比，认为粮贵对士民工商不利，谷贱则伤农，善治国者必须兼顾士民工商和农民双方的利益；在法律制度方面，李悝编订了《法经》6篇，包括盗、贼、囚、捕、杂、具。《法经》一直为魏国沿用，秦律也从《法经》脱胎而成，汉律又承袭秦律，所以《法经》在中国古代法律史上具有非常重要的地位。

孙膑及《孙膑兵法》

据说孙膑是孙武的后世子孙，战国时期齐国人，军事家。曾与庞涓一起学兵法。庞涓在魏国做将军，因嫉妒孙膑的才华暗地派人召孙膑入魏，设计对其施以膑刑，故世称孙膑，其真名反而不可考了。最早明确记载孙膑有兵法传世的是《史记》，约在唐代以前就散佚了。1972年2月，山东临沂银雀山一号汉墓出土了竹简本《孙膑兵法》，使这一失传已久的古书重见天日。该书内容除谈兵略外，还杂有形势、阴阳、技巧家言，应是孙膑的后学弟子编集而成，成书年代至少应在齐宣王之后。

◇孙膑像

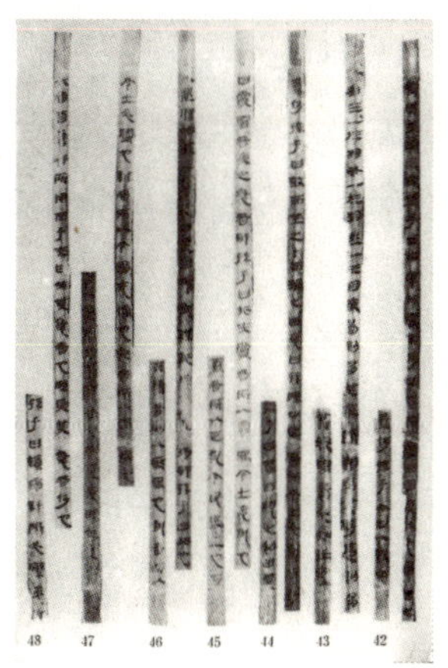

◇《孙膑兵法》竹简（部分），山东临沂银雀山汉墓出土。

崛起，蚕食韩、魏、赵国，并向南取蜀，并吞楚国汉中之地。燕、齐等国战争也不少。公元前260年秦赵长平之战，史称秦坑赵降卒40万。公元前246年秦王政即位，筹划攻灭六国。公元前230年至前221年，秦军陆续灭韩、赵、魏、燕、楚、齐，统一天下。

统一、分裂的交替和民族融合
——秦至南北朝（公元前221年~公元589年）

秦（统一以后）

秦始皇统一六国，建立了以咸阳为首都的东至海、西至陇西、南至岭南、北至阴山和辽东的大帝国。他自称始皇帝，制定尊君卑臣的各种制度。在中央，设立以丞相、御史大夫为首，下辖诸卿的政府机构。在地方，郡县制代替了西周的分封制，郡守、县令由中央委派。县以下设乡、里以及司治安的亭。秦始皇统一文字、货币和度量衡，为文化、经济发展提供了便利条件；统一法律，加强了政治统治。秦始皇还采取了许多削弱六国旧贵族的措施。

◇“海内皆臣”方砖拓片

丞相

丞相有时称相国，也常与宰相通称，简称“相”。丞相制度源于战国。秦从武王开始设左、右丞相，但也设相邦。秦统一后只设左、右丞相。丞相负责管理军事大计或其他要务，重要的事情由皇帝召集群臣在御前商议，避免丞相专断。一般政务则可由丞相决定。丞相典领百官、辅佐皇帝治理国政，无所不统，成为封建官僚机构中的最高官职。

◇秦半两。秦始皇废止各国原有货币，以黄金为上币，以镒（二十两）为单位，以秦国原有的圆形方孔钱为下币，称“半两”钱。

◇位于宁夏固原的战国时期秦长城遗址

御史大夫

御史大夫是秦代最高的监察官，秦始皇时御史大夫只低于左、右丞相，后逐渐成为御史台长官。西汉时御史大夫掌副丞相。凡军国大计，皇帝常和丞相、御史大夫共同议决。如果丞相位缺，也可由御史大夫升任，但主要职责还是偏重于执法或纠察。西汉晚期，御史大夫更名为大司空，与丞相、大司马合称三公。隋、唐以后御史大夫仅仅是御史台长官，在宋代还是虚衔，已不再具有汉、魏时三公的地位。明朝时改御史大夫官名为都御史。

◇秦始皇二十六年（前221）诏版拓片。秦始皇命丞相李斯以秦国文字为基础，参照六国文字，制定了小篆，作为秦的官方文字在全国推过。

亭

秦朝实行郡县制时，县以下置乡，乡以下置里。此外还有负责地方治安的“亭”。十里为亭，大抵相当于现在的派出所，属于治安系统的基层组织，与乡、里并没有隶属关系，是都尉和县尉的派出机构。亭有亭长，其下有亭父和求盗，前者负责保洁等，后者负责捕捉盗贼。

驰道

驰道是中国历史上最早的“国道”，始于秦朝。公元前221年秦始皇统一六国，次年就下令修筑以咸阳为中心通往各地的驰道。秦驰道在平坦之处宽五十步(约69米)，隔三丈(约7米)栽一棵树，道两旁用金属锥夯筑厚实，路中间专供皇帝出巡。著名的驰道有：出高陵通往上郡的上郡道，过黄河通往山西的临晋道，出函谷关通往河南、河北、山东的东方道，出秦岭通往四川的栈道等。

直道

秦直道在陕北俗称“皇上路”、“圣人条”，是秦始皇为了抵御北方匈奴的进攻、方便调动军队和快速补给，于公元前212~前210年命蒙恬监修的军事要道。直道南起咸阳军事要地云阳林光宫（今陕西淳化县梁武帝村），北至九原郡（今内蒙古包头市郊麻池古城），穿越14县，700多千米。路面最宽处约60米，一般也有20米。由于是“直道”，所以遇山开山、遇沟填沟。这样浩大的工程只用两年半的时间便全部竣工。秦始皇的骑兵三昼夜便可通过这条大道抵达阴山，出击匈奴，不仅对刚刚建立的统一中央集权国家意义重大，而且沿用后世。从清代的文献来看，秦直道的荒废也仅是明清之际的事。直到现在，很多路面仍然完好，坚硬的路基上也只有杂草而没有长出乔木。

◇秦直道遗址

秦朝拥有强大的军队，其中30万驻守北边以防匈奴，50万屯戍岭南以防越人。秦朝筑成由临洮至辽东的万里长城，并凿通灵渠以沟通湘漓水系交通；修通了自咸阳至燕、齐、吴、越的驰道和至北方边塞的直道。

◇鸿门宴砖雕拓片，河南南阳汉画馆藏。

项庄舞剑，意在沛公

项羽驻兵鸿门。刘邦等亲至鸿门表白自己没有野心，项羽设宴款待。项羽的谋士范增不相信刘邦的表白，他说服项羽，在宴会场外埋伏勇士，想借机除掉刘邦。宴会上由于项羽犹豫不决，范增便安排项羽从弟项庄在宴前舞剑助兴，趁机刺杀刘邦。项伯识破此计，也起身拔剑相舞，借机掩护刘邦。这便是成语“项庄舞剑，意在沛公”的由来，用来比喻说话和行动的真实意图别有所指。

◇樊哙（前242~前189），江苏沛县人。西汉的开国元勋。曾随刘邦同赴鸿门宴，并保护刘邦脱离危险。

秦的统治具有急政暴虐特色。大量人力、财力用于战争和兴建，生产力受到严重破坏。秦始皇生前已是“群盗满山”，死后立即爆发了陈胜领导的农民战争。东方六国的残余力量也群起反秦，因此灭秦后呈现分裂局面。项羽、刘邦分别以楚、汉的名义进行了4年的激战，刘邦获胜，在统一的秦帝国的废墟上着手建立比较稳定的汉帝国。

西汉政治和汉末社会危机

汉高祖刘邦(前256~前195)建立的以长安为首都的西汉（前汉）帝国，继承秦朝规模，沿袭秦朝各种制度。但又力求休养生息，避免蹈秦朝速亡的覆辙。刘邦给罢遣的军士赐爵授田，培养出一个有军功爵的中小地主阶层和一部分较富裕的自耕农民，他们在汉初复兴农业生产中起了重要作用。轻徭薄赋和慎刑政策的执行，是后来所谓文景之治的主要内容。

汉高祖仿效秦始皇，迁徙六国后人于关中。他消灭楚汉战争中形成的东方异姓诸侯王，代之以同姓诸王，并立下非同姓不王、非功不侯的誓约。同姓王强大后，同样形成割据。景帝接受晁错“削藩”建议，并压平了吴楚七国之乱。武帝继续削弱同姓王，巩固了中央集权。

◇汉景帝刘启像

七国之乱

刘邦之侄吴王刘濞为首发动的一次同姓王大叛乱。这场叛乱的导火线是景帝和晁错打算削藩以巩固中央集权。景帝三年（前154），刘濞是削藩的主要对象，他联合楚、赵、胶西、胶东、淄川、济南六国诸侯王用“请诛晁错，以清君侧”的名义起兵。晁错被杀后叛军拒绝退兵，战事继续。叛军被景帝之弟梁王刘武所阻挡，景帝则命太尉周亚夫率军镇压。刘濞逃到东越，为东越人所杀。其余六王或自杀或伏诛，七国均被废除。七国之乱起于正月，三月即结束。

汉武帝刘彻统治时期（前140~前87），西汉国势最盛。他削弱丞相的权力，在宫中形成一个新的权力中心，称为中朝。中央军力得到加强，司监察职任的部刺史开始设立，以执法严酷闻名的酷吏成批出现。郡国岁举孝廉以补充官员队伍；

◇国子监

太学

中国古代的大学。西周时天子与诸侯均设太学。东汉太学发展较快，规模较大。魏晋南北朝时，政局纷乱，太学时兴时废。到唐初，太学规模完备，盛极一时。唐宋两代太学与国子学并存，元、明、清则不设太学，只设国子学或国子监。太学的教师，主要是博士。战国、秦朝已设博士管书籍、备顾问，从西汉起开始对弟子授业传道，同时还要奉使议政、试贤举能。太学的学生，历代称谓不一，称博士弟子、太学生或诸生等，入学资格历代不同。太学修业年限没有统一规定，各朝学制也不相同。但都各有一套考试、放假和管理制度。

长安和各地分别设立太学和郡国学，培养各级官员。经济方面，统一汉初以来混乱不堪的货币，实行政府专营盐、铁以及均输、平准之法，打击大商贾。汉武帝维持了政治的稳定，并以聚集的钱财发动对周边各族的战争。

越人散居东南各省。羌人和西南夷人则散居西南地区。汉在各族居地列置郡县。汉与匈奴的战争规模最大，历时最久。汉将卫青、霍去病等反击匈奴，解除了匈奴对长安的威胁，夺

均输

西汉的一项财政措施，由桑弘羊制定。西汉的郡国都以本地土产作为贡品输送京师，但是长途运输常使贡品变质，而且各郡国土特产运抵京师后与其他地区产品相比可能成为次品，市场价格不足以偿其运送费用。因此桑弘羊规定：除质量特优的贡品仍直接运送外，其他一般贡品不必再送京师，而由当地均输官吏运往邻近高价地区出售，或将贡品折收现金，另购当地丰产又价廉的商品运向高价地区出售。这减少了贡品输送中的损失，增加了封建国家的财政收入。均输思想直到南宋以后才日渐消逝。

◇桑弘羊像

平准

封建政权用贵时抛售、贱时收买的方式来稳定市场价格的一种经济措施。西汉元封元年（前110），桑弘羊在京师专设机构执行平准业务，后又于大司农之下设立平准令丞。桑弘羊创行平准的目的是平抑物价。此后王莽实行的市平法，是吸收了平准思想的基本原则而形成的。北宋王安石推行的市易法，也是平准的变形。随着封建社会商品经济的发展，元明以后大规模的官营平准机构就消失了。

得河西走廊之地，并于西北边境之地修筑长城、烽燧，列置屯田。汉与西域诸国的交通，也逐渐开通，西域三十六国陆续内属，从而形成了经由河西走廊，分沿天山南北两路，西越葱岭，以达大秦（罗马帝国）东部的陆上交通路线，后来被称为丝绸之路。在探索西域道路和使西域内属的事业中，张骞起了卓越的作用。

汉武帝完成了辉煌事业，也耗尽了国力，加重了农民的困苦。货币制度重新混乱起来，豪强兼并现象日益严重，流亡的农民或沦为奴婢、佃客，或聚众暴动。武帝晚年转变政策，缓和矛盾，导致昭帝、宣帝时期的小康局面。此后社会又险象丛生，官吏贪暴，商人盘剥，更甚于前。农民暴动、铁官徒暴动，所在多有。外戚王氏乘机逐步控制了政权。统治者多方探索摆脱危机的办法，都无效果。公元8年，外戚王莽代汉建立新朝，托古改制。

王莽改制的主要内容有：①公私土地一律改称王田，不许买卖。私田按井田制度核算，每家多余土地配给宗族、邻里。②奴婢改称私属，亦不许买卖。③发行新币，严禁私铸。以上诸项多无实效，只有禁止私铸一项执行特严，株连尤甚，民怨最大。王莽改制的同时，农民暴动不断出现，今湖北境内形成了大规模的绿林起义军。公元23年，绿林军刘玄称帝，占领洛阳、长安。赤眉起义军形成于今山东境内，西向活动，与绿林军接触，进而取代了刘玄的统治。绿林军刘秀一支先期赴黄河以北扩展势力，于公元25年称帝，即东汉（后汉）光武帝。东汉消灭了赤眉武装，又陆续压平了各地割据势力，实现了统一。

◇王莽（公元前45～公元23），西汉末年外戚，后为新朝皇帝。王莽进行的托古改制使社会各种矛盾进一步激化，导致了赤眉、绿林农民起义，西汉的官僚贵族和地主豪强也纷纷打出反莽旗帜。绿林军进抵长安时，城中人民群起暴动，配合起义军攻入皇宫。王莽逃至渐台，被商人杜吴所杀，新朝灭亡。

◇绿林赤眉起义

赤眉、绿林起义

新莽末年爆发的农民起义。天凤四年到五年（公元17～18），农民起义在三个地区爆发：在今湖北西北有王匡、王凤领导的绿林军（因以绿林山为基地而得名）；在今山东东部和江苏北部有樊崇等领导的赤眉军（因义军均将眉毛涂红而得名）；在今河北一带则有大小数十支起义队伍，其中最大一支称为铜马军。绿林军于公元23年拥立更始帝刘玄，同年九月攻取长安，结束了新莽政权的统治。公元25年，赤眉军立15岁的刘盆子为帝并攻占长安，刘玄投降。赤眉军后来被刘秀围困于宜阳，粮尽力竭被迫投降。

刘秀（公元前6～公元57）

即汉光武帝。南阳蔡阳（今湖北枣阳西南）人，刘邦九世孙，建立东汉王朝，公元25~57年在位。赤眉、绿林起义爆发后，刘秀与其兄刘縯起事，河北的豪强地主率宗族、宾客、子弟先后归附刘秀，成为其有力支柱，加上收编的农民起义军，使刘秀与更始政权彻底决裂，于公元25年重建汉政权，史称东汉。建立东汉后的第三年，刘秀打败了赤眉农民军，控制了整个黄河中下游地区。又经过12年时间完成了统一事业。他在位期间，采取了不少措施加强中央集权、恢复社会经济，被称为“光武中兴”。

东汉专制体制的加强和外戚宦官擅权

汉光武帝刘秀重视西汉外戚篡权和农民暴动的教训，企图进一步强化皇权，维持安定。东汉功臣封侯者多，但绝大部分均无实职。外戚不许干政。对宗室诸王控制也很严。政府中三公只是名义上的首脑，实权在皇帝直接掌握的尚书台。光武帝下诏某些地区释放奴婢，又下诏度田，即清理户口土地。东汉前期60余年中政治稳定，经济得到恢复和发展。

◇东汉明帝的皇后马氏是少有的拒绝娘家人干预朝政的贤内助。图引自清代焦秉贞的《历朝贤后故事册》。

三公

中国古代最尊显的三个官职。周代三公指司马、司徒、司空或太傅、太师、太保。秦不设三公。西汉武帝时丞相、御史大夫和太尉称为三公，后太尉改称大司马，成帝时御史大夫改为大司空，三公变成大司马、大司空与丞相。新莽沿袭了西汉的三公制。东汉初仍设三公，改大司马为太尉，改大司徒为司徒，改大司空为司空，实权渐归尚书台。到魏晋南北朝时，三公依然位居极品，但实权进一步向尚书机构转移。至隋唐，三公完全变成了虚衔。宋以后也称太师、太傅、太保为三公。明、清时也是如此。

此后，皇权旁落。和帝幼年继位，受制于外戚。他成年后用宦官消灭外戚窦氏，宦官遂得当权。近一个世纪内，外戚、宦官竞拥幼主，迭相专擅，朝政十分昏暗。与此同时，儒生通过察举、征辟制度为官，官僚和儒生结成紧密关系，形成一个独特的社会、政治集团。一些累世经学的家族得以累世公卿，是上述集团的核心。官僚、儒生中形成了一种品评人物的舆论，称为清议。清议之风进入太学，与议政结合，抨击权贵和弊政。宦官反击，指责士人结为朋党，诽谤朝廷，因而大捕党人，不许党人为官，造成了两次党锢事件。

察举

汉至隋代的一种选官制度。王朝根据不同需要设立各种科目，指定有关官员担任举主，依规定贡上相应人才，经朝廷检验后给予录用或升迁。由皇帝不定期地下诏要求贡举的为特科或诏举，如贤良、文学、明经等科，汉文帝十五年（前165）特科察举正式成立。定期的察举科目称为常科或岁举，如孝廉、秀才科。汉武帝于元光元年（前134）下诏郡国每年察举孝者、廉者各一人，通称为孝廉，并成为汉代察举制中最为重要的岁举科目，西汉后期形成州举秀才、郡举孝廉的体制。孝廉举至中央后，经选拔才能被任命为地方或中央的有关官职。从西汉到东汉初，察举比较严格，保证了王朝对行政人才的需求。但东汉后期的政治腐败，造成严重的察举不实。

◇河南南阳医圣祠《张仲景史画》。“医国医民举孝廉”，反映张仲景被举孝廉的事迹。

征辟

中国汉代擢用人才的一种制度。征是来自皇帝的聘召，辟是来自公卿或州郡的征调，也称辟召。无论是皇帝的征聘还是公卿官府的征调，对被征辟的人都没有强制力，基本上是一种礼请，是否接受的主动权掌握在被征辟者手中。征辟制有利于破格擢用人才，但也产生了严重的弊病。特别在东汉时，由于政治腐败，官僚往往利用辟召来培植私人势力，被辟召者对辟主心存感激，默认或加强了两者间的隶属关系。这都助长了官僚私人权势的膨胀。

◇《三顾茅庐图》。207年刘备三顾茅庐，请诸葛亮出山。最终诸葛亮帮助刘备建立了蜀汉政权。

党锢事件

东汉桓、灵二帝统治时期，官僚士大夫因反对宦官专权而遭禁锢的政治事件。所谓“锢”就是终身不得做官。党锢事件自延熹九年（166），一直延续到中平元年（184）。东汉和帝以后，外戚、宦官交替专权。官僚士大夫主要抨击宦官专权，宦官则诬陷司隶校尉李膺等纠集党羽、诽谤朝廷。汉桓帝通令郡国逮捕“党人”，李膺等200余人被收押，遣送回乡不得做官。永康元年（167），外戚窦武执掌朝政，打算起用党人消灭宦官势力，结果因事泄而失败，李膺等再遭禁锢并被杀害，受牵连者有六七百人。直到黄巾起义爆发后，灵帝下诏赦免党人，党锢事件才告结束。

◇李膺像

◇班超像

班超（公元32～102）

东汉使节和军事家。字仲升，扶风安陵（今陕西咸阳东北）人。班超出使鄯善（今新疆若羌一带）时，曾用计消灭匈奴使者，使鄯善专心臣服于汉。章和元年（公元87），班超率于阗军队降服莎车，威震西域。贵霜、龟兹、姑墨等国随后皆降。东汉政府任其为西域都护，直到年老卸任回到洛阳。班超经营西域31年，平定内乱，外御强敌，取得了非凡的历史功绩。

光武帝时罢省了不少郡县，匈奴的一部分逐渐移入塞内，称南匈奴，助汉守边。在其北面的北匈奴时常扰边，还胁迫西域诸国。明帝时汉军几次攻北匈奴，追逐至西域和蒙古高原。北匈奴向西远徙，鲜卑族逐渐占领北匈奴故地。汉与北匈奴作战时，派遣班超出使西域。他在西域活动31年，力促诸国助汉逐匈奴，使西域诸国再度全部内属。班超派甘英西行，出使大秦，到达今波斯湾头，受阻而还。后来，大秦王遣使来洛阳，东西两个大国始有直接接触。内徙至今甘、陕地区的羌人，几次大规模东侵，东汉与羌断续作战，达40年之久。今湘、鄂、川地区的各种“蛮人”以及西南各族，与东汉多有联系，也发生过战争。周边各族与汉的和平交往及战争关系，都表明各族日益脱离了闭塞状态。

东汉统治在外戚、宦官交斗中腐败不堪，战争与天灾造成众多流民。分散的流民逐渐聚集在道教的旗帜下，中平元年(184)，爆发了张角领导的黄巾起义，各地多有响应。起义虽陆续被镇压下去，但东汉政权也趋于瓦解。

两汉社会经济

汉武帝刘彻时经济趋于繁荣。铁农具已普遍推广。二牛抬杠的耦犁法被广泛使用，马也用于挽犁。赵过在北方推行代田法，亩产增加。代田法沟垄相间，以垄土培沟内之苗，下年则沟垄易位以养地力。各郡开凿了许多灌溉渠道。关中和西域还

耦犁法

由二牛合犋牵引、三人操作的一种新式耕犁法。汉武帝时的农学家、搜粟都尉赵过在推行代田法时发明了这种方法。具体操作方法是：一人牵牛，一人掌犁辕，调节耕地的深浅，一人扶犁。这种犁的犁铧较大，可以深耕、翻土、培垄一次完成，也可以耕出代田法所要求的深一尺、宽一尺的犁沟。耦犁耕作速度快、省力气，后来又有所改进，出现了活动式犁箭控制犁地的深浅，不再需人掌辕。它对汉武帝时期农业生产的巨大发展起了促进作用。

◇牛耕画像石，陕西米脂出土。

代田法

西汉赵过推行的一种适应北方旱作地区的耕作方法。由于在同一地块上作物种植的田垄隔年代换，所以称代田法。赵过把关中农民创造的代田法加以总结推广，即把耕地分治成甽(田间小沟)和垄，甽垄相间。甽宽一尺（约合现在的0.694尺）、深一尺，垄宽也是一尺。一亩宽六尺，正好容纳三甽三垄。种子在甽底不受风吹，可以保墒；幼苗长在甽中，能得到和保持较多水分。在中耕锄草时，将垄上的土和草一起锄入甽中，培壅苗根；到了暑天，垄上的土削平，甽垄相齐，可以使作物的根扎得深，既耐旱，也可抗风，防止倒伏。第二年，以原来的甽为垄，原来的垄为甽，使同一地块的土地沿甽垄轮换利用，以恢复地力。

有井渠，水在井下的渠道里流通。两汉对黄河都进行了大规模治理。东汉时南方开发更为显著，人口大增。

冶炼制器、铸钱、煮盐是主要的手工业门类。铁冶规模大，遗址发现不少。汉武帝置官专营盐铁，并且垄断铸钱。铜器、漆器制造业兴盛。纺织业是北方民间的家庭手工业，并有官府大作坊经营。东汉时南方手工业发达起来，巴蜀兴起了铜器漆器制造业、制锦业和火井煮盐。

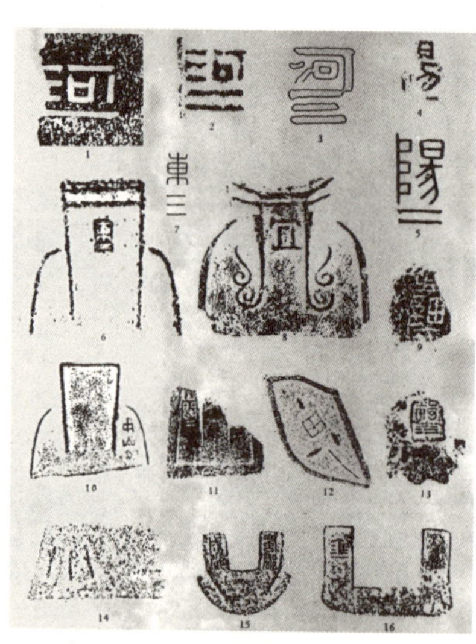

驿传

中国古代政府设立的以传递公文、接待过往官员为主的官方交通通信组织，有时也运输官府所需少量物品。始于春秋战国。早期称传、邮、置等，汉代称邮驿，元以后多称驿站，是古代交通系统的组成部分。

◇汉代带有铁官产品标志的铁器及铸范铭文。在桑弘羊主持下，朝廷将盐铁业收归国营；在大司农下设盐铁丞，总管全国盐铁业务；郡国专设盐铁官，负责盐铁生产与销售；盐铁的收入直接上缴中央财政。

商业空前繁荣，出现了长安、洛阳等若干大都会。道路和驿传系统把各地联结起来。江南多用船运。商品种类很多。武帝以后，丝绸之路货运繁忙，胡汉商人东西往来，贩运中土丝绸等物和西域的毛纺织物和香料。由番禺（今广州）伸向海外的海上丝绸之路逐渐形成。西汉钱币发行特多，东汉则缣帛谷物兼有货币职能。

西汉末年全国有户1220万余，口5950万余，垦田数827万余顷。人口中以自耕农最多。自耕农经济稳定程度和国家对其控制程度，是衡量国力的主要标准。东汉豪强地主庇荫了大量自耕农作自己的佃客、徒附，所以东汉国力不如西汉。奴婢在两汉都相当多。大商人往往既是大地主又是大奴隶主。汉代社会结构比较复杂。有的学者根据两汉农民和奴隶的状况，认为西汉是发达的奴隶社会，东汉始逐渐向封建社会转变；有的学者则把这样的社会变化解释为封建社会进入了一个新的阶段。

自耕农

自耕农是在封建土地制度下，以小块土地为基础，从事个体劳动的农民。它在中国封建社会中有比较充分的发展。秦代以后，封建地主制经济不断发展，但在土地买卖和多子继承的条件下，始终保持有相当数量的自耕农。在大土地所有制发展，土地兼并盛行的时候，自耕农的数量才会少些；而在历代王朝的建国之初，招抚流民垦种荒地的时候，自耕农的数量就多一些。自耕农和佃农都属小农经济，但是自耕农耕种自己的土地，只承担封建国家的赋役，没有地租，因而更愿意改良土壤、增加经济收益，经济地位比佃农优越。

◇农耕壁画，内蒙古自治区和林格尔县出土。

三国西晋

黄巾起义失败后，东汉外戚宦官又互相残杀，结果同归于尽。189年凉州军阀董卓率兵入洛，一度掌权。东汉献帝受制于人，辗转流徙，历史实际进入了三国时期。

◇曹操（155~220），东汉末年政治家、军事家、文学家。字孟德，沛国谯县（今安徽亳州）人。

三国时期

三国时期（220~280），由于魏、蜀、吴三个国家鼎立而得名。始于汉延康元年（220），曹操之子曹丕称帝，国号魏，都洛阳。其后刘备在成都称帝（221），国号汉，世称蜀。孙权在武昌称帝（229），后迁都建业（即建康，今江苏南京），国号吴。三国鼎足之势维持了40余年。魏景元四年（263）灭蜀；咸熙二年（265）司马炎代魏称帝，建立晋朝；晋太康元年（280年）灭吴。

为了反对董卓，关东州郡纷纷兴兵，推袁绍为盟主。后来曹操（155~220）扶汉献帝定都许昌，并于建安五年（200）官渡之战中战胜袁绍，逐渐统一北方。建安十三年曹军南下，赤壁之战中被刘备、孙权联军击败。220年，曹操之子曹丕篡汉建魏，都洛阳。221年刘备在成都建汉，世称蜀。孙权受魏文帝曹丕封号，在建业称吴王。222年蜀军出峡攻吴，败于夷陵（见夷陵之战）。从此，北方的魏与南方上游的蜀、下游的吴鼎足而立的形势固定下来。229年孙权称帝。

官渡之战

官渡之战是中国古代以少胜多、以弱胜强的著名战例。袁绍是东汉末年实力最强的诸侯，建安四年(199)亲率步兵十万、骑兵两万攻打许昌。曹操以两万兵力在官渡与之相拒。曹操利用袁军轻敌、内部不和的弱点，采取机动灵活的战术，声东击西，两次偷袭袁军后方，烧毁其粮草，并趁袁绍军心动摇时全线出击，歼灭了袁军主力，袁绍仅率八百余骑逃回河北。此战曹操大获全胜，为日后统一北方奠定了坚实的基础。

◇袁绍（？~202），东汉末年群雄之一。字本初，汝南（今河南周口西南）人。

赤壁之战

赤壁之战是中国历史上著名的以弱胜强的战例。献帝建安十三年(208)，曹操率领号称百万的水陆大军发起荆州战役，后讨伐孙权。孙权和刘备组成联军，由周瑜指挥，在长江赤壁(今湖北赤壁市西北，一说今嘉鱼东北)一带大破曹军，迫使曹军退回中原，决定了南北相持的局面。赤壁之战是第一次在长江流域进行的大规模江河作战，也是孙、曹、刘各家都派出主力参加的唯一的战事。

夷陵之战

夷陵之战爆发于222年，是三国时期吴国（孙权）和蜀汉（刘备）为争夺战略要地荆州八郡而进行的一次战役。因交战于夷陵（今湖北宜昌东南），史称夷陵之战；又因最后决战于猇亭（今湖北宜都北），亦称猇亭之战。吴将陆逊进行了积极防御，打乱了刘备速战速决的计划。当蜀军在密林中扎寨以避炎热、士气日益低落时，陆逊发动了火攻，一举打败蜀军。夷陵之战使三足鼎立的均势最终确定了下来。

◇夷陵之战遗址

在三国形成过程中，魏武帝曹操招揽大族名士以为羽翼，又用“惟才是举”的办法从较低层次网罗人才。曹丕实行九品中正制，设中正察访本郡散在各地的士人，评为九等，作为授官依据。九品中正制并不能超然于世局之外以拔人才，所以逐渐成为巩固士族门阀地位的工具。曹操在各地募民屯田，缓解了北方粮食的困难。赋税改行租调制，田租仍按亩交纳，户调则按户出绵绢以代替汉代的人头税。户调制便利豪强兼并人口，曹操虽加重惩罚兼并，亦不能止。农业、手工业、水利事业都有发展。嘉平元年(249)魏国发生政变，太傅司马懿诛杀宗室曹爽一党，逐渐总揽政权。司马氏陆续压平了魏国臣属在淮南的军事反抗，于265年篡魏为晋，史称西晋。

九品中正制

九品中正制是魏晋南北朝时期一种重要的官吏选拔制度，又名九品官人法。由中央官员在州郡兼任中正，从家世、道德、才能三个方面评议人物，并用“品”来评出人物的高下。品分为上上、上中、上下、中上、中中、中下、下上、下中、下下共9等。中正将评议结果上交司徒府复核，然后送吏部作为选官的根据。这一制度创始于曹魏，发展成熟于两晋，衰落于南北朝时期，废除于隋朝。

户调

魏晋时期按户征收的赋税。户调制产生于东汉末年。献帝建安五年(200)，曹操在兖、豫二州征收户调，其征敛物为绵、绢。九年平定河北后，曹操正式颁布户调令，规定每户征收绢二匹、绵二斤。这是历史上首次颁布的户调制度。

◇安平东汉墓壁画《出行图》（局部）。表现了墓主人出行时的盛大声势及其生前的地位。上三层主车乘者的管制约相当于二千石，是随行的下属官吏，最下一层主车乘者为墓主人。

蜀国汉昭烈帝刘备死后，诸葛亮(181~234)辅政，国小力弱。他与吴大帝孙权结盟，并妥善处理与西南夷的关系，巩固了蜀国政权。然后他率军进驻汉中，同魏军展开争夺关陇的持久战争。诸葛亮死后，蜀国因循守成，政治逐渐腐败，终于在263年为魏所灭。

诸葛亮（181~234）

三国时期政治家。字孔明，琅邪阳都（今山东沂南南）人，建安十二年（207）起辅佐刘备，促成孙权、刘备的联合并赢得赤壁之战的胜利。他随后辅助刘备取荆州、成都、益州。刘备称帝后任丞相，刘禅继位后他以丞相辅政。诸葛亮当政期间，法令严明，赏罚必信，使蜀国政治较为清明。对西南少数民族恩威并用，得到了稳定的物力和兵力支持。他多次北伐曹魏，但都未成功，后病卒于北伐途中。

◇诸葛亮渡泸水再缚番王，《三国演义》第八十八回插图。

孙权经过赤壁之战和夷陵之战的两次胜利后，稳固地据有长江中下游地区。吴军征服了境内各郡的山越人，以其丁口补兵补户。农业发展显著。丝织品逐渐兴起，青瓷业、冶铸业、造船业都较发达。江南运河水系得到修整，发挥了较大的通航效益。海上船舰北航辽东，南通南海诸国，黄龙二年(230)还曾到达夷洲，即今台湾。

司马氏执政后，灭蜀代魏，国力迅速上升。280年晋灭吴，三国局面归于统一，并出现短暂的和平安定局面。晋武帝司马炎颁行户调式，规定男女占田的假定亩数和应负田租户调的实际亩数，允许官吏按官品高低占有不同数量的土地和佃客、荫户。户调式既承认官僚地主的许多封建特权，又企图予以限制。

豪强大族的继续发展，统治集团的奢侈腐化，朝廷竞争的纷纭复杂，使西晋统治面临危机。晋武帝为了巩固皇权，大封宗室为王，以诸王统率兵马各镇一方。晋惠帝时爆发了争夺中央政权的激烈斗争，诸王相继卷入，形成16年的内战，称为八王之乱。参战诸王相继败死。西晋被乘机起兵的匈奴覆灭，北方进入十六国时期。

◇晋武帝司马炎像

司马炎（236~290）

即晋武帝，晋朝的开国皇帝。字安世，河内温县（今河南温县西）人。魏咸熙二年（265）十二月代魏称帝，建晋，并于太康元年（280）灭吴，统一全国。在位期间采取一系列经济措施以发展生产，屡次责令郡县官劝课农桑，并严禁私募佃客。太康元年颁行户调式，包括占田制、户调制和品官占田荫客制。灭吴后逐渐怠惰政事，荒淫无度。

西北地区各民族的内徙　十六国

东汉以来，西北边陲许多民族部落陆续内迁，在辽西、幽并、关陇等地同汉人错居。内迁各族部落组织犹存，但都逐渐向农耕或半农耕生活过渡。汉族政权为了边防和生产的需要，也常招引部落入塞。

进入并州的匈奴部落三万余落，建安末年被曹操分为五部，置帅，以汉人为司马。西晋改匈奴部帅为都尉，以左部都尉刘渊为匈奴五部大都督。南下的鲜卑分部较多。鲜卑慕容部居辽西，从事农桑畜牧，用汉人以建制度，传播文化，还招引流民屯田。鲜卑拓跋部移居今呼和浩特以南的盛乐，西晋末援助受匈奴等部攻击的晋并州刺史，受晋封号。羯人于西晋时入居今山西东南的上党武乡，其人高鼻深目，信奉火祆教，多数习于农耕，部落组织比较松弛。今青、甘地区当时的氐、羌，有不少移居关中，据说占关中人口一半。嘉陵江上游地区的“蛮人”，又称巴人或賨人。曹操曾北徙巴人于略阳，与氐人杂处，称为巴氐。

以上匈奴、羯、鲜卑、氐、羌，当时称五胡，加上賨，合称六夷。十六国就是由上述各族以及汉族分别建立的。賨人于304年在成都建立的成国，是十六国中唯一在南方的国家。

304年匈奴刘渊起兵，建立汉国。后来匈奴军攻下洛阳、长安，俘掳怀帝、愍帝。318年匈奴刘曜灭汉，次年在长安建

◇关陇古道通过的马鹿河谷（陇山南侧），位于甘肃张家川回族自治县。

◇石勒令儒生读史：石勒建立后赵，选权贵子弟入学，授以儒学经典。明刊本《东西晋演义》插图。

立前赵。同年羯人石勒在襄国建后赵，329年并吞前赵。其时西北地区则由前凉统治。

350年后赵发生冉闵暴乱。前燕慕容儁率部南下平乱，352年击灭冉魏，占有河北。被强徙于中原的氐族部落回归关中，在长安建立前秦。前秦苻坚灭前燕，统一北方，于383年发动南侵战争，史称淝水之战。东晋击败前秦，前秦瓦解。

淝水之战后，北方陷入更严重的分裂局面。关东、辽西地区，鲜卑慕容部先后建后燕、西燕、南燕，鲜卑化的汉人冯跋建立北燕。关中地区，羌人姚苌建立后秦，稍后匈奴铁弗部建立夏国。西北地区，不同的民族先后建立过西秦、后凉、南凉、北凉、西凉等国家，彼此征战并吞，破坏很大。

鲜卑拓跋部在平城（今山西大同）建立的代国，于376年为前秦所灭。淝水之战后，拓跋珪重建国家（史称北魏），于398年称帝，即魏道武帝拓跋珪。439年魏太武帝拓跋焘统一北方，十六国结束。

淝水之战

东晋在淝水（今安徽瓦埠湖一段）击败前秦进攻的战役。东晋太元八年（383），前秦苻坚统一北方后挥师南下，企图一举灭晋。在淝水东岸，晋将谢玄（343~388）针对敌人上下离心、各族士兵厌战的情况，抓住苻坚急于决战的心理，遣使要求秦军后撤，以便晋军渡河决战。苻坚想待晋军半渡时用骑兵冲杀，于是下令稍退，在襄阳被俘的晋将朱序趁机大喊秦兵败了，致秦军大乱。晋军乘机抢渡淝水猛烈进攻，大败秦军。谢玄乘胜收复洛阳、彭城等地。苻坚身中流矢，单骑而逃。此战是中国战争史上以少胜多的战例之一。

◇《东山报捷图》。东晋丞相谢安在东山松树下下棋，等候淝水之战的捷报。

◇淝水之战后，前秦皇帝苻坚带领残军投前燕故将慕容儁，慕容儁盛情款待并交出自己的士兵。

东晋南朝

西晋亡后，原来驻守建业的琅邪王司马睿，在士族官僚的拥戴下即帝位，即东晋元帝。东晋先后平息了王敦、苏峻之乱，统治趋于稳定。西晋末年以来，北方人民大量南迁，其中有不少士族高门。士族王导在东晋初支配着朝廷。各家士族争夺门户权力的斗争，构成东晋政治的主要内容。

南来士族祖逖曾率军北伐，一度进至黄河流域。以后，当权的士族多标榜北伐以增门户威望，其中以桓温三次北伐最为有名。桓温曾经收复洛阳，进入关中，用兵河北，但都未能巩固成果。当前秦苻坚发动淝水之战时，东晋面临空前的威胁。由于谢氏、桓氏诸家士族团结对敌，以及谢玄在江北流民群中所组北府兵的勇敢应战，江南得免于被北方民族占领。

祖逖（266~321）

东晋初年大将，致力于北伐事业。字士稚，范阳遒县（今河北涞水）人。建兴元年（313），奋威将军祖逖率部北渡长江，九年即收复黄河以南的大部土地。祖逖军纪严明，自奉俭约，不蓄资产，劝督农桑，发展生产，深得百姓爱戴。正当他积蓄力量，准备向黄河北岸推进时，东晋王朝内部矛盾激化，大兴四年（321），晋元帝司马睿派戴渊为征西将军监督祖逖，祖逖忧愤而死。

◇成语“闻鸡起舞”出自《晋书·祖逖传》，形容发奋有为，也比喻有志之士及时奋起。

王敦之乱

王敦（266~324），东晋初权臣。字处仲，琅邪临沂（今山东临沂北）人。与王导共同扶植司马氏的江东政权，当时将相官吏多出其门。晋元帝司马睿对王敦既畏惧又厌恶，重用刘隗、刁协等与之抗衡。永昌元年（322），王敦以诛隗翦恶为名在武昌（今湖北鄂州）起兵并攻入建康。元帝病死后，王敦自领扬州牧，在明帝下令讨伐后不久病死。

◇司马睿（276~323），晋元帝。字景文，河内温县（今河南温县西）317年即帝位，定都建康（今江苏南京），史称东晋。

苏峻、祖约之乱

发生在东晋成帝时的一次大规模叛乱。苏峻(?~328)，长广郡掖县（今属山东；一作挺县，今山东莱阳南）人，王敦叛乱前夕，苏峻先后任东晋淮陵内史和兰陵相；祖约(?~330)，范阳遒县（今河北涞水）人，晋元帝时任平西将军、豫州刺史。苏峻、祖约既是朝廷命官，又是各自所统流民之帅，历来受统治者的猜忌。王敦之乱后，他们与东晋朝廷的矛盾激化，两人发动的叛乱始于咸和二年（327）冬，止于咸和四年春，严重破坏了当地经济，并给了东晋门阀士族很大的教训，士族内争不再轻动干戈，东晋得以免除内战达70年之久。

北府兵

东晋将领谢玄组建训练的军队。太元四年（379）谢玄为徐州刺史，镇京口。东晋称京口为“北府”，所以称这支军队为北府兵。这支军队在抗御前秦的战争中屡立战功，随后乘胜北伐，先后收复今河南、山东境内黄河以南大片土地，还一度打到黄河以北的邺城。十二年，朱序代替谢玄镇广陵，谢玄失去对北府兵的领导权。此后北府兵成为东晋统治集团内部火并的工具。

◇魏晋南北朝时期的双层甲胄骑马俑

◇南朝战马画像砖

淝水之战后，南方由于外敌威胁解除而爆发内战。浙东农民也在孙恩、卢循率领下举行暴动（见孙恩、卢循起义）。桓温之子桓玄在内战中获胜，占领建康，一度篡晋。北府将刘裕起兵驱逐桓玄，压平了农民军，进行了几次北伐，终于在420年代晋，建立宋朝。

孙恩、卢循起义

东晋末年孙恩、卢循领导的农民反晋斗争。孙恩(? ～402)出自琅邪(今山东临沂)孙氏，属低级士族。他奉五斗米道，在叔父反晋被杀后逃至今舟山群岛，聚集逃亡农民。于隆安三年（399）带100多人从海上登陆，攻下上虞，袭破会稽郡(今浙江绍兴)，杀内史王凝之。义军得到广大农民和奴客的拥护，无情打击南北士族。义军后与刘裕交战屡次失利，损失很大，被迫退入海岛。元兴元年(402)孙恩战败投海，义军推其妹夫卢循为首，继续战斗。义熙七年(411)卢循兵败自杀。这次起义席卷东晋大部分地区，东晋王朝名存实亡。起义沉重打击了南北士族，士族失去了军权。起义迫使刘裕采取一些减轻人民负担和抑制豪强大族的措施，为刘宋初期江南经济的繁荣创造了有利条件。

宋(420～479)、齐(479～502)、梁(502～557)、陈(557～589)相继的四个朝代，史称南朝。南朝皇权比东晋时强大，诸家士族虽然还身居显要，社会地位很高，但已不能左右政局。南方经济、文化显著提高，来自社会中下层的所谓寒人，逐步进入官僚行列，为皇帝所倚重。南方内地的土豪，从梁陈之际开始，也成为割据一方的势力。这个时期，北方力量上升，发生于南北之间的战争，往往于南朝不利。南朝境土日蹙，陈时只剩下长江以南的东南一隅之地。统一了北方的隋大举进攻陈，589年南朝灭亡。

◇士族是魏晋南北朝时期地主阶级中部分享有政治、经济特权的家族所构成的一个特殊阶层。

寒人

东晋南北朝时与士族对应的一个社会阶层。寒，即官位低微之意，和大姓、冠族相比，出身寒门之人得不到把持乡议的大姓、冠族的品第、推荐，仕途不会一帆风顺。寒人作为一个阶层，是东晋以后随门阀制度的发展逐渐形成的，他们属于地主阶级，有的还很富，但没有士族那样豁免兵役、徭役的特权，在中正品第中只能得下品，充任低级官吏和武官，不能与士族通婚、交往。因此有些寒人通过各种途径，包括贿赂官吏，将户籍改成士族。在北朝，寒人与士族的对立不如东晋、南朝显著。到南北朝后期，寒人力量进一步壮大，与士族界限基本泯灭，寒人的称呼也因此消失。

北朝

拓跋部的北魏统治北方以后，北方趋于稳定。北魏各帝都笼络儒生。道武帝重用汉人士族崔宏；太武帝诏征中原士族人物，又内迁河西等地儒生于平城。这些人为北魏立制度，定法律，设学校，兴儒学，使平城成为一个杂有胡汉文化的都市。但是北魏还不敢迁都中原，中原地区只能交给汉族豪强大族以宗主督护的形式进行统治。北魏军中也还保存着严重的民族歧视。

5世纪下半期，北魏汉化趋势加快。魏孝文帝元宏(467～499)时，着手整饬吏治，重建三长制乡官系统以取代宗主督护制，颁行均田制以缓解小民无地的社会矛盾。太和十八年(494)孝文帝迁都洛阳，并推行一系列改革鲜卑旧俗的措施。孝文帝的改革改善了北方社会状况，促进了拓跋部的发展，但引起了一部分守旧贵族和鲜卑武人的激烈反对。正光四年(523)北魏边疆六镇陆续起兵，此后，内乱不止，北魏遂分裂成东魏、西魏，又分别演变为北齐、北周。北齐被北周吞并，北周大臣杨坚于581年灭北周，建立隋朝。隋于589年灭陈，南北又归于统一。

◇北魏孝文帝元宏像

◇鲜卑旧墟石室嘎仙洞，位于内蒙古自治区鄂伦春旗。

宗主督护

中国北魏前期地方基层组织的一种形式。十六国时，少数民族政权频繁更迭，地方基层行政机构不复存在，各地的豪强地主聚族而居，以宗族乡党割据一方、武装自卫，这些豪强地主称为宗主，坞堡里的农民则向宗主交纳地租，承担劳役和兵役。魏道武帝建立北魏时承认宗主在地方的政治、经济权利，由他们替北魏政府来督护地方，收租税，征发兵役、徭役。这一制度并不利于加强中央集权，于是太和十年（486）被三长制取代。

三长制

北魏后期的基层政权组织。太和十年(486)，北魏孝文帝采纳给事中李冲建议，用三长制取代宗主督护制，规定五家为邻，设一邻长，五邻为里，设一里长，五里为党，设一党长，三长直属州郡，职责是检查户口、征收租调、征发兵役与徭役。在实行的过程中，三长还是从大族豪强中产生，不仅本人可以免予征戍，连亲属也有一至三人可享有同样待遇。但三长制与均田制相辅而行，使国家直接控制的自耕农大量增加，国家赋税收入相应增加，北魏后期经济有了明显的恢复和发展。三长制后来成为北齐、隋、唐时期乡里组织的基础。

均田制

北魏到唐前期的一种土地制度。从北魏太和九年（485）到唐建中元年（780），前后近300年。均田令的主要内容是：①15岁以上男子授露田40亩，妇人20亩。授田视轮休需要可以加倍。授田不准买卖，年老或身死需还田。②男子授桑田20亩，不必还给国家，可传给子孙，可买卖。授田后的百姓不得随意迁徙。③官吏按官职高低授职分田，刺史15顷，太守10顷，治中、别驾8顷，县令、郡丞6顷，不准买卖，离职时给继任者。均田制有利于无主荒田的开垦，和三长制一起有利于依附农民摆脱豪强大族的控制，对农业生产的恢复和发展有积极作用。

◇中国传统农具——除草耙。耙最早出现于北魏。

先秦儒学，汉武帝时经董仲舒加工改造，成为适合统一国家君主专制需要的新儒学，居于独尊地位。东汉思想家王充所著《论衡》，包含朴素唯物主义自然观。他自称违儒家之说，合黄老之义，实际上未能动摇儒家独尊地位。曹魏名士何晏、王弼首倡的玄学，两晋时期都很发达。玄学内儒外道，矫东汉儒学之弊，但也不能取代儒学。

汉代文学作品，以贾谊、司马相如、张衡等人的赋和散文最有名。乐府诗也很有成就。曹操父子以及“建安七子”，东晋南朝陶潜、谢灵运等以及稍后的一批讲究诗歌格律的永明体诗人，都留下了宝贵的遗产。南北朝的乐府民歌也很宝贵。刘义庆《世说新语》为有名的小说集。刘勰《文心雕龙》是文学理论名著。绘画、书法有长足的发展。画家顾恺之、书法家王羲之父子最受推崇。两汉的画像砖、画像石，十六国以后由西

◇董仲舒像

董仲舒（前179～前104）

汉代思想家、政治家。汉景帝时任博士，讲授《公羊春秋》。汉武帝时，董仲舒在《举贤良对策》中提出其哲学体系，并建议“罢黜百家，独尊儒术”，辞官后仍受汉武帝尊重。董仲舒以《公羊春秋》为依据，将周以来的宗教天道观和阴阳、五行学说结合起来，吸收法家、道家、阴阳家思想，建立了一个新的思想体系，成为汉代的官方统治哲学。

◇王充（公元27～约97），东汉思想家、文学批评家。字仲任，会稽上虞（今属浙江）人。

《论衡》

东汉王充的无神论著作，共85篇，存84篇。《论衡》建立了唯物主义的哲学体系。在自然观方面，反对天人感应的思想；在认识论方面，强调感觉经验是认识的源泉；在历史观方面，反对奉天法古，认为今胜于昔；在文学方面强调真实，反对堆砌华丽的词藻。《论衡》概括评述了东汉以前的各种学说和思潮，不仅有思想价值，也具有重要的史料价值。

玄学

玄学是魏晋时出现的一种崇尚老庄的思潮，将《老子》、《庄子》和《易经》称为“三玄”，主张研究幽深玄远的问题。魏晋玄学的主要代表人物有何晏、王弼、阮籍、嵇康、向秀、郭象等。魏晋玄学是在汉代儒学衰落的基础上，为了弥补儒学的不足而产生的，继承和发展了汉代的道家思想和黄老之学。更直接的文化背景，是汉末魏初时崇尚清谈的风气，当时的名士不谈俗事，专谈老庄、周易，并常对有和无、体和用等哲学命题进行辩论。

◇西汉帛书《周易》残片，1973年12月湖南长沙马王堆三号汉墓出土。

乐府诗

乐府是两汉时设立的音乐部门，一方面为文人歌功颂德的诗进行谱曲和演奏，另一方面也收集民间的歌辞入乐，也有向皇帝体现民情的功能。魏晋时，乐府变成了诗体的名称。这种诗体是继《诗经》、《楚辞》之后出现的能够配乐歌唱的新诗体。

◇乐府诗《孔雀东南飞》

建安七子

建安年间(196～220)七位文学家的合称，即孔融、陈琳、王粲、徐干、阮瑀、应玚、刘桢，因为他们都曾居住在魏都邺(今邯郸临漳)，又称“邺中七子”。孔融擅长奏议散文。王粲擅长诗、赋、散文，且抒情性很强。刘桢擅长诗歌，气势高而苍凉。陈琳、阮瑀以章表书记而闻名，但陈琳的文风比较刚劲，阮瑀则较自然。徐干文笔细腻，擅长诗赋。应玚也擅长诗赋，文风和谐且有文采。他们与曹氏父子共同创造出了“建安风骨”。

域东传的石窟寺艺术，更是艺术中的瑰宝。石窟寺遗存最重要的有大同云岗、洛阳龙门等多处。

司马迁的《史记》，班固的《汉书》，陈寿的《三国志》，范晔的《后汉书》，都是史学名著。魏晋南北朝私家编纂史书、地方志最盛，但多散失，尚存而价值甚高的有《华阳国志》、《水经注》、《洛阳伽蓝记》等。

《洛阳伽蓝记》

“伽蓝”是佛教寺庙的意思，《洛阳伽蓝记》为北魏杨衒之所撰，主要记述了北魏京城洛阳佛寺的兴衰沿革，分城内、城东、城南、城西、城北5卷。书中内容并不仅仅局限于寺庙和佛事，还详细描绘了洛阳的城址、城门、宫殿、御道、住宅、名胜等，以及洛阳城中的工商业情况。卷五所载《宋云、惠生使西域行记》还提供了古代中西交通的珍贵资料。

◇汉魏故城遗址永宁寺塔基复原新貌。永宁寺遗址是北魏后期都城洛阳的重要佛寺故址。位于今洛阳市东15千米的汉魏洛阳城遗址内，坐落于北魏宫城的西南侧，占地面积达9万平方米。它是一座以佛塔为中心的佛寺，是专供皇帝、太后礼佛的场所。寺建于北魏孝明帝熙平元年(516)，为灵太后胡氏所建，永熙三年(534)被大火焚毁。永宁寺遗址中央，迄今尚存塔基遗迹，为高大的土台，当地俗称木宁寺或木塔寺。永宁寺塔为木塔，据《洛阳伽蓝记》记载，原为9级，高90丈(《水经注·谷水》又记为49丈)，今仅留塔基。

汉代已出现了几种关于天体结构的理论，其中的浑天说为史官采用，并据以设计观天的浑天仪。历法屡有改作。算术方面出现了《九章算术》等多种算经。祖冲之的圆周率领先于世界近1000年。医学中的《黄帝内经》成于汉代。建安时的张仲景被后世尊为医圣。华佗则精于方药、针灸及外科手术，并首先使用麻醉药。农学则汉代的《氾胜之书》、北朝的《齐民要术》最有价值。最重要的科技成果是东汉蔡伦发明植物纤维造纸术。到东晋时，纸完全代替简牍、缣帛而成为主要的书写工具。

浑天仪

浑天仪是浑仪和浑象的总称。浑仪是测量天体球面坐标的一种仪器，模仿肉眼所见的天球形状，把仪器制成多个同心圆环，整体看犹如一个圆球，然后通过可绕中心旋转的窥管观测天体。浑象是古代用来演示天象的仪表，在一个可绕轴转动的圆球上刻画有星宿、赤道、黄道、恒隐圈、恒显圈等。东汉天文学家张衡设计制成第一台由水力驱动的自动浑象，与现代天球仪相似，为中国浑天仪在日后的发展作出了巨大贡献。

祖冲之（429~500）

南北朝时期的数学家、天文学家。字文远，祖籍范阳遒县（今河北涞水），因战乱迁居江南。在数学方面，他第一次将圆周率 π 算到第七位小数的准确度，在3.1415926与3.1415927之间，并确定两个分数形式的 π 值：约率22/7（≈3.14），密率355/113（≈3.1415929）。在天文方面，他创制了大明历，使每一回归年的日数准确到365.2428日。著作很多，但现在都已失传。

◇南京北极阁和天文台旧影。其始建于南朝，雄伟壮观。祖冲之在此发明置闰法，创制了大明历。

产生于印度的佛教，公元纪元前后传入中国，逐渐蔓延。佛学中渗入玄学内容，影响士族，使佛教传播较快。佛经翻译规模颇大，并出现了西行求法的僧人。东晋法显经陆路到达今印度、斯里兰卡，从海上归来，所著《佛国记》是研究中外交通的重要史料。佛教一部分教义有助于世俗统治，所以历代帝王多提倡佛教，但也发生过帝王灭佛事件。梁武帝时，范缜发表神灭论，主张精神随形体的消失而消失，反对佛教的神不灭论和因果轮回之说。道教作为一种宗教，起源于东汉后期，以阴阳五行解释自然和社会，《太平清领书》是其经典。汉末以张角兄弟为领袖的黄巾起义，就是用道教中的太平道为纽带而组织起来的。南朝时道佛二教出现斗争，道教斥责佛教为夷俗。北魏道士寇谦之在道教中摈弃一些旧时的教义，增加礼法内容。道教也吸收了一些佛教教理和戒规，模仿佛寺建立道观，以利自己的发展。

佛教

世界三大宗教之一，由古印度的释迦牟尼（被称为佛陀）在约公元前6世纪建立。“佛”是梵语的音译，全称佛陀、浮屠等，意思是觉悟者。佛教重视人类心灵的进步和觉悟，认为人们的一切烦恼（苦）都是有因有缘的。人和众生沉沦于苦迫之中，并不断生死轮回。只有断灭贪、嗔、痴的圣人才能涅槃（清凉寂静、无有烦恼）。释迦牟尼在35岁时成佛，并对众人宣扬他所发现的真理。佛教有南传和北传之分。在中国发展出华严宗、禅宗等派别。

◇印度比哈尔邦伽耶城菩提伽耶的大菩提寺，据说由阿育王创建。菩提伽耶传为释迦牟尼得道成佛处。

经济文化的繁荣和域外交往的扩大
——隋至元（581~1368年）

隋

出身于武将世家的杨坚，于581年代周建隋，589年统一南北。隋朝基本确立了以尚书、内史(中书)、门下三省为行政中枢的制度，并改地方行政机构为州县两级；废除九品中正制和辟举制，由朝廷任命地方长官和属吏；实行以进士、明经两科取士的制度，开科举制的先河。始创于西魏的府兵，此时一律改列州县户籍，消除了部落兵的痕迹。均田令重新颁布，受田者负担租（一夫一妇粟三石）、庸（丁男年役二十天）、调（每户绢二丈）。隋朝农业发展，仓储富实，手工业和商业也很兴盛。隋炀帝杨广时凿通的由

◇隋运河今貌

进士、明经两科

进士、明经二科为隋炀帝时所设。进士考的是策问和诗赋，需要文才秀美，到唐中后期甚至还要有较高的声望才可能中进士。相比之下明经科要容易些，明经考的是对典籍的熟悉程度，只要有良好的记忆力、能够背出相应的内容即可通过。所以民间又有“三十老明经，五十少进士”的说法。

科举制

中国历史上以考试选拔官员的基本制度。源于汉朝，创始于隋朝，确立于唐朝，完备于宋朝，兴盛于明、清两朝，废除于清朝末年。自隋朝大业元年（605）的进士科算起，到清光绪三十一年（1905）正式废除，整整存在了1300年。同汉代的察举和征辟制、魏晋南北朝的九品中正制等身份本位的选任制度相比，科举制给中小地主和平民从政提供了相对公平的制度保障，但随着考试方式和内容日益僵化，其弊端也日益显现，最终被废除。

◇18世纪帛画，描绘了隋炀帝乘龙舟航行于大运河上的情景。

涿郡（今北京）南达余杭（今杭州）的大运河，有巨大的经济、政治效益。陆海两道的丝绸之路畅通。

隋炀帝凭借雄厚的国力，大肆兴建和用兵，造成人民极大的痛苦。大业八年至十年(612~614)，炀帝对高句丽连续三次用兵，隋军死亡极多。兵徭征发最苦之地，最早发生农民暴动。各地农民逐渐形成三支反抗力量，即中原李密的瓦岗军，河北窦建德的夏军，江淮杜伏威的吴军。大业十三年留守太原的隋将李渊起兵，攻占长安，次年建唐称帝，并依次削平了并起的群雄。

唐朝的政治和经济

唐太宗李世民在位时（626～649）励精图治，史称贞观之治。他知人善任，虚怀纳谏，重视吏治，轻徭薄赋，节俭自持。唐高宗李治在位时，皇后武则天掌握政权，一度废唐称周，自号皇帝。其时政局虽然纷纭，但社会仍较安定。唐玄宗李隆基（712～756年在位）开元年间国势昌盛，史称开元之治。天宝十四载(755)范阳节度使胡人安禄山及部将史思明等叛乱（安史之乱），下洛阳，攻长安，玄宗向成都逃亡。叛军内讧，与唐相持七年后终于失败，但唐朝也从此衰落下去。

唐初以来，中枢仍行三省制，尚书省分设吏、户、礼、兵、刑、工六部，分主庶政（见三省六部）。《唐律》是中

安史之乱

唐玄宗末年安禄山和史思明发动的叛乱，唐朝由盛而衰的转折点。安禄山是平卢（今辽宁朝阳）、范阳(今北京）、河东（今山西太原西南）三镇节度使，天宝十四载（755）以讨伐外戚杨国忠为名起兵，攻陷洛阳后称大燕皇帝。至德二年（757），安禄山被其子安庆绪所杀，唐军在回纥、于阗军的援助下收复长安和洛阳。安禄山部将史思明杀安庆绪，再次攻占洛阳，上元二年（761）被其子史朝义所杀。宝应元年（762）十月，唐借回纥兵收复洛阳，史朝义自杀，安史之乱结束。战乱使唐朝国力大为削弱，全盛时代从此结束。

◇河南商丘张巡祠内张巡塑像。张巡（709～757），唐朝将领。安史之乱时守孤城睢阳，一年之间大小战斗400余次，杀敌12万人，创造了中外战争史上罕见的奇迹。睢阳城破后张巡被害。

三省六部

唐朝的三省为中书省、门下省、尚书省。中书省负责定旨出命，长官中书令二人；门下省掌封驳审议，长官侍中二人；尚书省职责为执行，长官尚书令一人，副长官左、右仆射各一人。尚书省下辖吏、户、礼、兵、刑、工六部，长官为尚书，每部又设4司，计24司。三省长官共议国政，执宰相之职。唐太宗时常给品位较低的官员加以“参知政事”、“同中书门下三品”等宰相名号，扩大了任用宰相的范围，也避免出现权臣专权的局面。

◇浙江乐清仙溪镇南阁村的“尚书”牌楼。

国完整地存留至今的最早的一部法典，对后世及邻国的法律制度影响甚大。唐初仍行府兵制，府兵受田而不负担租庸调。节度使制度开始出现。学校教育发达。学校生徒及乡贡士人均可应科举试，科举最重要的是进士、明经二科。均田制和租庸调制仍在实行，但均田户受田远不足数。唐初租庸调以外已出现地税和户税，府兵以外已出现募兵。安史之乱后财政困难，刘晏改革漕运，改进盐政，增加了政府收入。杨炎于德宗建中元年(780)废除失效的租庸调制，改征地税、户税，分夏秋两季征收，称两税法。两税法对后世税制影响很大。

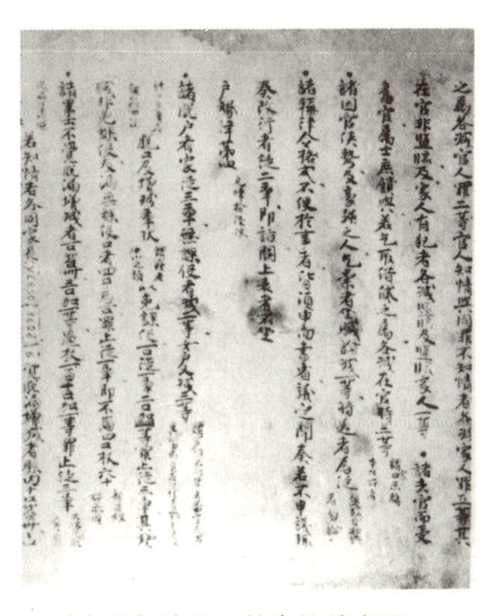

◇《唐律》残卷，甘肃敦煌发现。

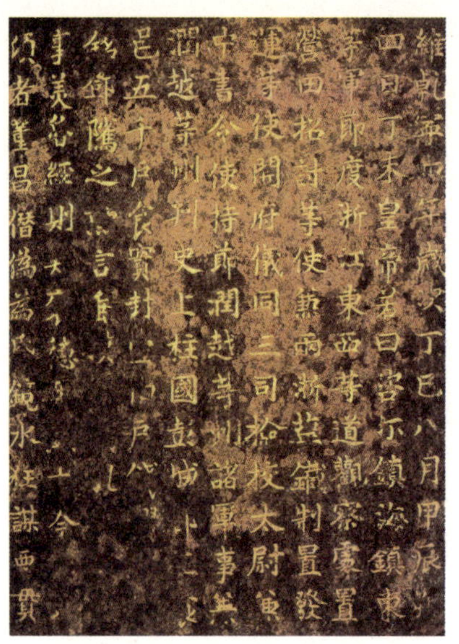

◇ 唐朝的免死牌局部。免死牌又称铁券，是皇帝赐给功臣免死或其他特权时的凭据。此块免死牌是唐昭宗在乾宁四年（897）赐给镇海军节度使钱镠的，上有金字诏书333字。

募兵

募兵是国家以雇佣形式招募的兵员。与兵民结合的府兵不同，募兵参军不是为了尽义务，而是以军人为职业。战国时期就有用招募勇士的办法组建军队的例子，募兵在魏国称“武卒”，在秦国称“锐士”，战斗力很强。唐自开元十年(722)起，由主要实行府兵制改为主要实行募兵制。

节度使

唐朝时期一种武官的名称，因受职时朝廷会赐以旌节，故称节度使，主要掌管边镇军事，防御外敌。唐睿宗景云年间首次设置，而有计划地设置是在唐玄宗开元年间，设立了碛西、河西、陇右、朔方、河东、幽州、剑南、岭南八个节度使。节度使原本没有管理州县民政的职责，但唐朝后期的节度使势力大大加强，可过问民政甚至财政，独揽当地军政大权。发动安史之乱的安禄山便是范阳等三镇节度使。

两税法

唐代后期用以代替租庸调制的赋税制度，开始实行于德宗建中元年（780）。唐中期以后，土地兼并使很多农民逃亡，原有的租庸调制难以维持。安史之乱后，赋税制度非常混乱，改革势在必行。唐德宗的宰相杨炎建议实行两税法。两税法的主要原则是：只要在当地有资产，就算当地人，政府按贫富等级对其征财产税及土地税。这是中国土地制度和赋税制度的一大变化，征税对象不再以人丁为主，而以财产、土地为主。两税法一定程度上减轻了人民的负担，但弊病也不少，尤其是加重了土地兼并的程度，农民沦为佃户者更多。

安史之乱后各地节度使拥兵自重，河朔三镇尤著，形成朝廷与藩镇之间长期的冲突。朝廷中则出现宦官专权和朝臣反宦官的斗争。唐顺宗用王叔文、王伾以及柳宗元、刘禹锡等人进行改革，由于宦官集团反扑而失败。唐文宗时甘露之变，宦官诱杀了大批朝臣。朝臣之间也有以李德裕为首的一方和以牛僧孺、李宗闵为首的一方的所谓牛李党争，纷纭近半世纪之久。

甘露之变

唐文宗大和九年（835）谋诛宦官而失败的一次事变。唐后期，宦官擅权专政达到极点。文宗即位后任李训为宰相、郑注为凤翔节度使，逐步开始打击宦官。大和九年十一月二十一日，早朝于紫宸殿时，金吾大将军韩约奏报左金吾仗院内石榴树上夜降甘露，李训等想以观看甘露为名，将宦官诱至金吾仗院一举歼灭，但被宦官识破。宦官挟持文宗退入后宫，派神策军500人在宫城逢人即杀，死者接近2000人。李训、郑注等人被杀并遭族诛。经过这次宦官的大屠杀，朝班几乎为之一空，从此宦官更加专横，文宗则郁郁而死。

牛李党争

唐代后期，依附宦官的大臣分为两派：一派以牛僧孺、李宗闵为首，称牛党；一派以李德裕为首，称李党。双方从唐宪宗时期开始，到唐宣宗时期为止，互相倾轧近40年。历史上把这次朋党之争称为“牛李党争”。两派大体交替进退——一党在朝，便排斥对方到地方为官。牛李党争使本来腐朽衰落的唐王朝走向灭亡。

◇牛僧孺欣赏歌舞。牛僧孺（779～847），“牛李党争”中牛党领袖。字思黯，安定鹑觚（今甘肃灵台）人。

唐代经济全面发展，空前繁荣，玄宗时最为突出。水利事业发达，土地垦辟扩大，注籍人户900余万，连同大量的逃匿不在籍者，当超过西汉1200余万之数。官府手工业规模巨大，私营手工业也很可观。纺织、陶瓷、金属冶铸制造等业，产量和技术都相当高。安史之乱后，南方发展加快，种稻、种茶、桑蚕以及制瓷、造纸、造船等业都很显著，中国经济重心逐步南移。唐代交通发达，商业兴盛，城市繁荣。大城市出现了“僦柜”，代客商存储支付钱物；还出现了官营和私营的钱币汇兑，叫“飞钱”或“便换”。

在经济繁荣的背后，随着土地兼并和政治腐败，农民逐渐面临困境。大中十三年（859）爆发了裘甫领导的浙东农民起义。咸通九年（868）庞勋率领桂林戍卒回据原籍徐州，起义反唐。乾符二年（875）黄巢领导的农民起义终于在黄河下游地区爆发。黄巢军转战中原数年，然后南下浙、闽，攻占广州，又北上进据洛阳、长安。广明元年（880）末黄巢在长安称帝。唐朝用藩镇兵和沙陀族李克用兵以抗黄巢，黄巢东撤，在狼虎谷（今山东莱芜境）战死，起义失败。其后唐王朝瓦解，节度使朱全忠（黄巢叛将朱温改名）战胜了其他强藩，诛戮当权的宦官和朝臣，于907年篡唐为梁（后梁），建都开封。这是五代十国之始。

周边各民族的发展

唐代是周边各族迅速发展的时期。起源于准噶尔盆地之北的突厥逐渐东迁，隋开皇时分裂为东西二部。东突厥扰边，唐军灭之，唐设羁縻府州以统其民，酋长皆拜官。西突厥控制西域，唐对西域用兵，于其地建都护府及诸镇戍，拓境至葱岭以西。回纥（回鹘）本臣属于突厥，后来渐有东突厥之地，助唐平安史之乱，以马匹易唐绢、茶，与唐和亲。唐末回鹘分裂迁徙，其中的西州回鹘是今维吾尔族之祖，甘州回鹘是今裕固族之祖。

吐蕃为今藏族祖先。唐初松赞干布建立国家，都逻些（今拉萨）。唐朝先后以文成公主、金城公主与吐蕃赞普（王）和亲，带去各种工匠、书籍。吐蕃势力入西域，安史之乱后占领河西走廊，并一度攻入长安。此后唐蕃有战有和，穆宗时树立在逻些的

都护府

唐代在西域建了两个都护府，分别是安西都护府和北庭都护府。640年唐攻破高昌后设立安西都护府，管辖天山以南直至葱岭以西、阿姆河流域的辽阔地区。702年，武则天为进一步巩固西北边疆，在庭州设立北庭都护府，管辖天山以北包括阿尔泰山和巴尔喀什湖以西的广大地区。两个都护府作为唐朝设在西域的最高行政和军事机构，使唐朝在西域有效地行使政治、军事权力，对维护国家的统一，巩固西北边防，发展中西交通，促进西域和中原以至中外的经济文化交流，都有重大意义。

◇交河故城，位于吐鲁番西10千米处的雅尔乃孜沟。唐代安西都护府曾建于此。

◇西藏拉萨布达拉宫的文成公主塑像

文成公主（？~680）

唐宗室女，吐蕃赞普松赞干布妻，641年入蕃。文成公主信佛教，在逻些（今西藏拉萨）修建小昭寺，协助泥婆罗(今尼泊尔)尺尊公主(亦为松赞干布之妻)修建大昭寺。她从长安带到吐蕃的释迦牟尼像至今仍保存在大昭寺。松赞干布后派吐蕃贵族子弟至长安国学学习诗书，在唐境聘请文士为他掌管表疏，又向唐请求给予蚕种及制造酒、纸墨的工匠。文成公主在藏传佛教中被认作绿度母的化身（度母，藏语中作卓玛，藏族佛教传说中的观音化身），受到极大崇敬。

《唐蕃会盟碑》至今犹存。吐蕃据河西时，汉人张议潮于大中二年（848）起兵反抗，占有河西大部，深受汉人拥护。

西南地区，出现了建都大理的南诏国，受唐册封，经济文化交流不断，但也时有战争。东北地区，契丹酋长受唐命世为都督，与唐互市。靺鞨族在今黑龙江、吉林境，以渤海为号，仿唐制建立国家，经济文化都比较发达。

◇《番骑图》局部，辽李赞华绘。李赞华（899~936），原名耶律倍，契丹人，辽太祖长子，封渤海王，因受猜疑而出奔后唐，改名李赞华，世称“东丹王”，擅长画辽国人物鞍马。

科学和文化的繁荣

唐代科学文化，同经济一样繁荣。李淳风审定并注解中国古代算学名著，合为《算经十书》。他在历法方面也有成就。僧一行发现了恒星位置变动现象。他通过实测，得出地球子午线1° 的长度合123.7千米。这些在世界上都属首创。医药学家孙思邈被后世尊为药王。雕版印刷术最迟出现于玄宗以前，它与早有的造纸术结合，加速了文化传播。隋代李春设计的赵州桥，是今存世界最早的单孔石拱桥。

◇ 切脉引线。陕西岐山周公庙药王洞壁画，表现了唐代名医孙思邈为一贵妇引线切脉的情景。引线切脉是在“男女授受不亲”的礼教束缚下，切脉时用一根细线拴在女性病人的寸口，医生通过切摸此线来了解脉象。

孙思邈（581～682）

隋唐之际医药学家，被称为“药王”。京兆华原（今陕西耀县）人。孙思邈是古代医德医术堪称一流的名家，尤其对医德的强调，为后世传为佳话。“胆欲大而心欲小，智欲圆而行欲方。”“胆大”指有自信；“心小”指谨慎；“智圆”指遇事圆活机变；“行方”指不贪名利，心有坦荡天地。所著《千金方》被认为是医书之祖。孙思邈在生活中积极倡导食疗和养生，其寿命超过了百岁。

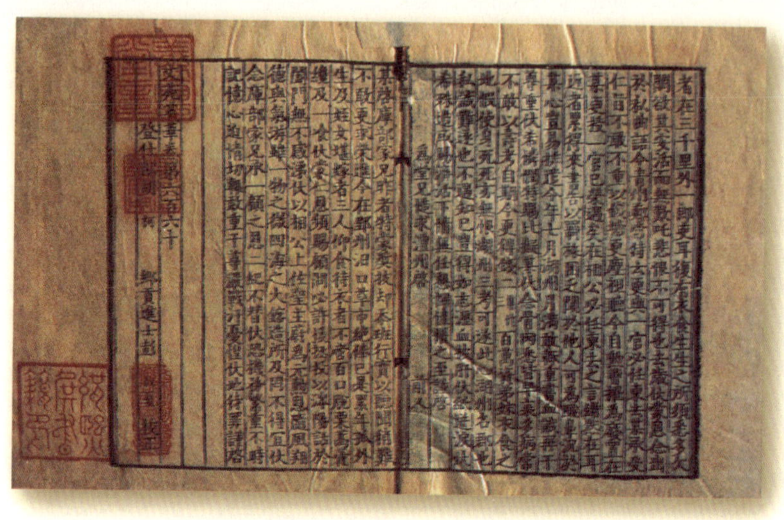

◇雕版印刷文献

雕版印刷术

在版料上雕刻图文进行印刷的技术。发明年代尚未确知，学术界一般认为始于7世纪间。雕版印刷的版料，一般选用纹质细密坚实的木材，如枣木、梨木等。其方法是：把木材锯成一块块木板，把要印的字写在薄纸上，反贴在木板上，再根据每个字的笔画，用刀雕刻成阳文，使每个字的笔画突出在板上。木板雕好后，用刷子蘸墨，在雕好的板上刷一下，然后用纸覆在板上，另外拿一把干净的刷子在纸背上轻轻刷一下，把纸拿下来就印好了一页书。一页一页印好后，装订成书。9世纪时，雕版印刷已相当普遍。五代时期，不仅民间盛行刻书，政府也大规模刻印儒家书籍。

由于皇权推动，唐初佛、道都盛行，佛教具有更大优势。佛经翻译比较完备，佛教流派逐渐形成。寺院经济膨胀，成为唐武宗灭佛的直接原因。文人中佞佛、排佛者都有。韩愈倡性三品说，李翱倡复性论，排佛崇儒，又受佛学影响。柳宗元、刘禹锡虽略具唯物主义思想，但都信佛。中亚和欧洲宗教传入者多，但信徒还少。

刘知几(661～721)

唐代史学家。字子玄，彭城（今江苏徐州）人。高宗永隆元年（680）中进士。他自幼笃爱史籍，入仕后数入史馆，得以博览群籍，又洞悉史馆利弊。于是私撰《史通》以见志。他认为，史家须具备“史才”、“史学”、“史识”三长，尤以史识为重要。对著史强调直笔，“不掩恶，不虚美”，表现了进步的史学思想。《史通》共20卷，为中国古代第一部史学理论专著，在中国史学史上影响极大。

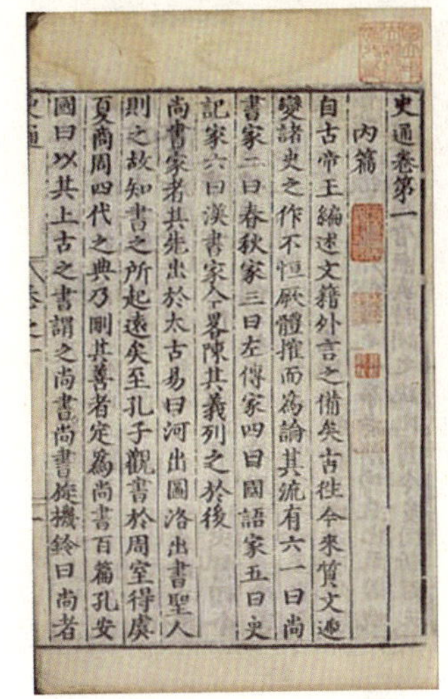

史通卷第一

內篇

自古帝王編述文籍外言之備矣古往今來質文遞變諸史之作不恒厥體榷而爲論其流有六一曰尚書家二曰春秋家三曰左傳家四曰國語家五曰史記家六曰漢書家今畧陳其義列之於後

尚書家者其先出於太古易曰河出圖洛出書聖人則之故知書之所起遠矣至孔子觀書於周室得虞夏商周四代之典乃删其善者定爲尚書百篇孔安國曰以其上古之書謂之尚書尚書璇璣鈐曰尚者

◇《史通》第一卷局部

唐代官修前朝历史，在二十四史中占有八种。刘知几《史通》是价值很高的史学理论著作。杜佑《通典》总结历代典章制度，开“政书”一体之始。文学则诗人辈出，作品丰富，初唐陈子昂，盛唐李白、杜甫，中唐白居易、元稹，晚唐李商隐、杜牧，是唐诗的杰出代表。词(长短句)是配乐的诗歌新体裁，中晚唐逐渐流行。以韩愈、柳宗元为代表，以改革骈体文为目的的古文运动，把散文写作提到一个新阶段。此外，传奇小说和保存于敦煌文献中的称为变文的俗讲文学，都有丰富内容和文学活力。

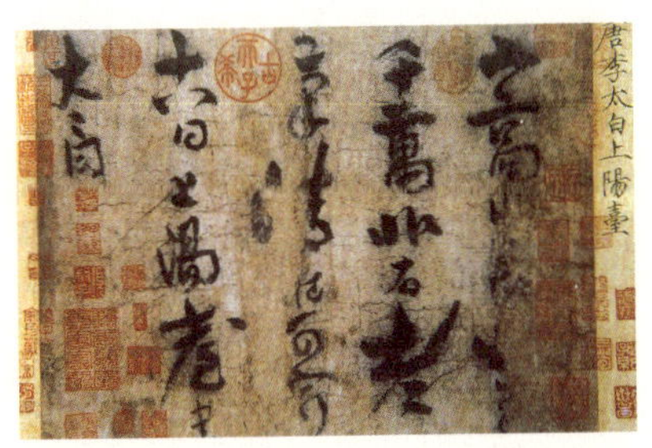

◇李白“上阳台”手迹，故宫博物院藏。

◇杜甫像

◇龙门石窟北魏宾阳中洞

龙门石窟

龙门石窟位于河南省洛阳市南13千米处。始凿于北魏孝文帝迁都洛阳（493）前后，后历经东西魏、北齐、隋、唐至宋等朝代连续大规模营造，达400多年之久。密布于伊水东西两山的峭壁上，南北长达1千米，现存窟龛2345个，题记和碑刻2680多品，佛塔70多座，造像10万余尊。其中最大的佛像高达17.14米，最小的仅有2厘米。

绘画、雕塑艺术名家迭出。阎立本、吴道子的人物画，李思训父子、王维的山水画，以及曹霸的马，韩滉、戴嵩的牛，边鸾的花鸟，均有独创，其中吴道子被尊为画圣。见于石窟和墓室的壁画，甚多珍品。雕塑家杨惠之，被称为塑圣。今存唐代雕塑作品如昭陵六骏、龙门佛像以及敦煌莫高窟和其他石窟中的实物，都闻名世界。书法则楷、行、草法均有高手。音乐方面，隋有七部乐，唐初扩充为十部乐，西域的及域外的占大半。玄宗时改编为立部伎和坐部伎，并设梨园训练乐师。舞蹈、舞曲也都有汉有胡。这一特点最能反映唐代扩展的国势、密切的民族关系和频繁的域外交往。

◇《步辇图》，阎立本。表现了唐太宗李世民接见吐蕃使臣禄东赞场面。画中李世民乘着“步辇”，由四宫女抬行。

阎立本(? ～673)

唐代画家。雍州万年(今陕西西安)人。擅长画道释、人物、肖像、山水、鞍马等，其肖像画多描绘唐初建功立业的功臣形象，如绘有房玄龄、杜如晦等18位文人谋士肖像的《秦府十八学士图》。阎立本的绘画，线条刚劲有力，色彩古雅沉着，人物神态刻画细致。有《步辇图》、《古帝王图》、《职贡图》等传世。

吴道子（680～759）

唐代画家，被后世尊为“画圣”，被民间画工尊为祖师。玄宗赐名道玄。相传曾向张旭、贺知章学书法，没有成功才改习绘画。他曾在长安、洛阳寺观中作佛教壁画400余堵，情状各不相同。他用状如兰叶或莼菜的笔法表现衣褶，有飘动之势，人称“吴带当风”。

◇《释迦降生图》，传为唐吴道子所画。画中所绘释迦降生场面，具有鲜明的中国风格，表明佛教已融入中国文化之中。

五代十国

唐亡以后，中国政治失去重心，分裂割据出现。中原地区从907年到960年间出现相续的梁、唐、晋、汉、周五个朝代，称五代；南方则出现九个或并列或相续的国家，加上后周时北方河东地区的北汉国，合称十国。唐、晋、汉的君主和北汉的君主是沙陀人。

五代政权改易迅速，中原战乱频仍，社会经济破坏严重。南方动乱较小，吴蜀地区继续发展，闽、广、湘、鄂地区也加速了开发过程。南方粮、茶、棉、蚕等业发展突出，雕版印刷业南北均盛。南北贸易以及南方海上贸易都具有相当规模。

五代的动乱，是黄河流域由藩镇割据走向统一的过渡。后周时期这一地区已趋稳定，后周孕育出的赵宋政权更进而结束了十国的局面。但是五代时出现的契丹南进问题却未能解决，成为北宋大患。

沙陀

沙陀的意思是"沙漠蛮荒之民"，是西突厥的一支，从7世纪起生活在巴里坤湖以东。808年受吐蕃人侵扰，于是向唐朝请求保护，唐朝把他们作为盟邦，安置在鄂尔多斯北部、灵州（宁夏附近）的东北部。沙陀人汉化水平很高，五代时建立政权的李克用、石敬瑭、刘知远都是沙陀人。

藩镇割据

指唐代中叶后，地方军政长官据地自雄，与朝廷抗衡的政治局面。玄宗开元、天宝年间，为控制和防御周边各族的进犯而大量扩充边兵，并设节度使。节度使统掌的军镇有藩卫朝廷的责任，故又称藩镇。安史之乱后，为了抵御叛军，军镇制度又扩展到内地，唐后期藩镇林立，最后唐王朝被实力强大的节度使朱温所灭。

◇李克用（856～908），唐将领，后唐太祖。别号李鸦儿，沙陀人。

北宋与辽、夏

公元960年赵匡胤代周立宋，建都开封。北宋为加强皇权，以枢密使掌军政，三司使掌财政，而宰相只管民事。在地方，则削夺节度使权力，以文臣为知州、知县；废除“留州”、“留使”旧规，钱谷悉送中央；选蕃镇兵补禁兵，宿卫京师。为防握兵者的专擅，禁兵分领于三衙，而发兵权在枢密院。禁兵常更戍各地，兵无常帅，帅无常师。这种重内轻外的兵制足以防藩镇割据，却不能保障防务需要。

契丹人于916年在西拉木伦河流域建国，常向南方进攻。后晋高祖石敬瑭向契丹国奉献今河北、山西北部一带的燕云十六州之地（见幽蓟十六州）。947年契丹陷开封，正式称辽国，并掠夺开封财货人口至上都临潢府（今内蒙古巴林左旗南）。契丹制度，皇帝有自己的“斡鲁朵”，其所统

赵匡胤（927～976）

宋代开国皇帝，太祖。涿郡（今河北涿州）人。曾是后周大将。960年赵匡胤通过陈桥兵变夺取后周政权，建宋。宋太祖以优厚的条件解除了高级将领的兵权，把约一半禁军部署在都城开封附近，另一半屯驻外地，使内外互相制约。同时经常调换军队的将领，不使将领与士兵之间、军队与某一地方之间发生深厚的关系。这些措施基本结束了持续200多年的藩镇割据局面，巩固了王朝的统治。但分权的结果首先使官僚机构庞大，同时削弱了军队的战斗力，守内虚外的方针也给后世造成一系列弊政。

◇明刘俊《雪夜访赵普》。内容是表现宋太祖赵匡胤雪夜私访宰相赵普的故事。

◇《金明池争标图》。金明池在北宋都城汴梁（今河南开封）顺天门外，画面展现盛大的赛船争标赐宴的场景。

三司使

北宋前期最高财政长官。后唐长兴元年(930)始设三司（盐铁、户部、度支）总管国家财政。宋初沿旧制，三司成为仅次于中书、枢密院的重要机构，三司使被称为计相。咸平六年(1003)三司使下设盐铁、户部、度支三部，由三个副使分管，其下设有兵、胄、商税等20多个案，分理相关事务。元丰三年(1080）废三司，职事大多归尚书省的户部和工部，三司使改任户部尚书，受宰相领导。

禁兵

北宋守京师、备征戍的正规军。由中央直接掌握。除防守京师外，还轮流调戍各地，使将不得专其兵。编制单位有厢、军、指挥和都。有捧日、天武、龙卫、神卫等各种番号，分别隶属三衙。北宋灭亡后，北方禁兵主力大部溃散。南宋时，各屯驻大军取代禁兵成为正规军。

枢密院

官署名称。唐代宗永泰年间开始设置，以宦者为枢密使。宋代枢密院与中书省同管军事机密、边防等，掌握文武大权，并称二府，即政府和枢府，同为最高国务官署，长官合称宰执，宰即宰相，执即执政。枢密院设十二房，分曹办事。十二房为：北面房、河西房、支差房、在京房、校阅房、广西房、兵籍房、民兵房、吏房、知杂房、支马房、小吏房。辽代设北枢密院（相当于兵部）、南枢密院(相当于吏部)及汉人枢密院（掌管汉族地区的兵马）。元代枢密院主要掌军事机密、边防及宫廷禁卫等事务，战时设“行枢密院”，掌一方军政。明太祖废枢密院，改置大都督府。

◇曾任枢密副使的北宋开国名臣赵普

领的军队、奴婢、州县，属皇帝私产，皇帝死后由其后人继承。皇族、后族有头下军州，以所掠汉人、渤海人从事农耕。皇帝四时游猎，朝官随行，有固定处所，称四时捺钵，有时会议国事。其官制，北面官和南面官分理契丹事和汉人事；北枢密院和南枢密院分司契丹军事和汉人军事。辽宋疆域大体以今河北中部为界。宋太宗赵炅两次攻辽，企图夺回燕云十六州，都未成功。辽军南侵，于景德元年(1004)直趋澶州（今河南濮阳境），开封震动。宋真宗赵恒被迫与辽签订屈辱的澶渊之盟，辽军始退。

西夏是以党项人（羌族的一支）为主体的国家，基本地境包括今宁夏全部以及甘肃、陕西、青海、内蒙古一部。西夏虽仿宋制设官，但实际是蕃汉分治。经济上有农有牧，有多种手工业，产盐。党项人建国前，与五代及宋时战时和。1038年元昊称帝，此后连败宋军和辽军，形成宋、辽、西夏鼎立形势。宋夏战争中宋军损失惨重。和议成，宋输夏银、绢、茶，开边境贸易。北宋政局时有反复，宋夏也时战时和，关系不稳定。南宋时蒙古灭西夏。

◇宁夏青铜峡黄河西岸“一百零八塔”，始建于西夏，是中国古塔建筑中唯一以三角形布局的塔群。佛教认为人有108种烦恼，为了去掉人生众多的烦恼，善男信女要戴108颗贯珠，念108遍经。

幽蓟十六州

五代后晋石敬瑭割与契丹的16个州，北宋后常称“燕云十六州”。河东节度使石敬瑭为感谢契丹攻打后唐助其称帝，将卢龙道的幽（今北京）、蓟（今天津蓟县）、瀛（今河北河间）、莫（今河北任丘北）、涿（今河北涿州）、檀（今北京密云）、顺（今北京顺义）、新（今河北涿鹿）、妫（今河北怀来东南）、儒（今北京延庆）、武（今河北宣化）和雁门关以北的云（今山西大同）、应（今山西应县）、寰（今山西朔州东北）、朔（今山西朔州）、蔚（今河北蔚县西南）共16州割付契丹。16州为契丹占有后，中原王朝失去了北面防守的天然屏障。

◇石敬瑭（892～942），五代时后晋王朝建立者，即后晋高祖。沙陀人。唐明宗李嗣源的女婿。

澶渊之盟

北宋与辽在澶州(今河南濮阳附近)缔结的盟约。澶州亦名澶渊郡，故史称澶渊之盟。北宋景德元年(1004)，辽萧太后和辽圣宗发兵南下，抵达黄河边的重镇澶州城北，威胁宋朝的都城开封。宰相寇准请宋真宗亲征，宋真宗北上，宋、辽两军形成相峙局面。十二月，宋、辽商定和议，约定宋、辽为兄弟之国，宋朝每年给辽绢20万匹、银10万两，沿边州军各守疆界，两地人户不得交侵，不得收留对方逃亡的“盗贼”。盟约缔结后，宋、辽形成长期并立的形势，两国间不再有大的战事，为中原与北部边疆经济文化的交流创造了条件。

◇河南省濮阳市回銮碑（澶渊盟碑）

北宋社会、政治与王安石变法

北宋立国不久，积弱积贫局面就暴露出来。由于对辽、夏用兵，禁兵达百余万，兵费占岁入大半，引起严重的财政危机。军队腐败，战斗力极差。官僚机构庞大，缺乏效率。由于官府勒索严重，北宋初年就出现过王小波、李顺领导的川峡地区农民起义（见王小波、李顺起义）。以后，农民和士兵暴动时有发生。

在危机四伏的情况下，不少士大夫提出过改革倡议。范仲淹等奏请整饬吏治、兴农桑、减徭役诸端，宋仁宗赵祯下诏施行，称庆历新政。旋以受到反对而被罢废。

宋神宗赵顼立志改革，用王安石变法。王安石以富国强兵为目标，陆续制定均输、市易、免行诸法以调剂市场，保障国用；制定青苗、免役、方田均税、农

◇青城山曾是王小波、李顺起义的根据地。图为青城山龙隐峡栈道。

王小波、李顺起义

北宋初，川峡地区的土地大多被官僚、豪强、寺观霸占，农民失地严重，阶级矛盾尖锐。宋太宗即位后，川峡天灾不断，民不聊生。淳化四年(993)，青城县(今四川都江堰市南)爆发了王小波、李顺起义。王小波在攻克江原县（今四川崇州东南）的战斗中重伤牺牲，其妻弟李顺被推为领袖。淳化五年正月，起义军攻克成都，建立大蜀政权，李顺为大蜀王。宋军重兵反击，五月六日攻陷成都，李顺于城破时被杀害。王小波、李顺起义在中国农民战争史上，第一次明确地提出了均贫富的口号。

田水利诸法以调整税役，发展生产；制定将兵、保甲、保马诸法以整顿军队，加强统治。各项新法程度不等地达到了预期目的，也产生了弊端。哲宗元祐元年（1086），守旧派司马光为相，废除新法，罢逐新党。但守旧派内部见解分歧，形成洛党程颐等人、蜀党苏轼等人、朔党刘挚等人的党争。哲宗亲政，改元祐为绍圣，继续实行新法。此时新法一派分裂，变法意义逐渐模糊。宋徽宗赵佶亲政后，新政完全成为聚敛手段。宰相蔡京定复旧诸人及异己者为“元祐奸党”，或罢或徙。统治者的括剥激起了宋江领导的京东一带农民起义和睦州方腊以摩尼教组织的农民起义，后者规模尤大。此后，河北、京东不断有农民起义，北宋岌岌可危。

◇福建泉州宋代始建的摩尼教建筑遗址——草庵。

摩尼教

3世纪中叶在古波斯（今伊朗）萨珊王朝时兴起的一种宗教。因创始人摩尼而得名。他自命“光明使者”，开始传教活动。瓦赫兰一世对摩尼教及教徒进行镇压。摩尼被逮捕，并被处死。摩尼教徒则流落世界各地，摩尼教得到广泛传播。摩尼教于武则天延载元年（694）由波斯人拂多诞传入中国，会昌灭佛时遭到打击，逐渐成为民间秘密宗教，多次被农民起义所利用。到宋代，摩尼教已完全汉化并演变为明教，明教将摩尼教教义简单地归纳为“清净、光明、大力、智慧”。

宋徽宗赵佶（1082～1135）

北宋第八位皇帝，也是北宋画家、书法家。在位期间，他重用蔡京、童贯等奸臣主政，穷奢极侈，荒淫无度。他信奉道教，大建宫观，并给道士发俸禄。宣和二年（1120）与金夹攻辽，宣和七年传位赵桓(钦宗)，自称太上皇。靖康二年（1127）与钦宗被金兵俘掳，死于五国城（今黑龙江依兰）。其治国无能，但艺术才能颇高，擅长楷、草书和山水画、人物画、花鸟画、墨竹画及婉约词，创“瘦金体”。

◇宋徽宗赵佶像

女真族

中国古代东北民族，又称女直，与肃慎、挹娄、勿吉、靺鞨有渊源关系。五代时契丹人将黑水靺鞨称为女真。1115年，女真首领完颜阿骨打建金，1125年灭辽，1127年灭北宋，1234年亡于蒙古。元朝在女真各部设有军民万户府，明代将女真分为建州、海西、东海三部。明末努尔哈赤统一女真各部，1616年建后金（后改称清），“女真”后来被皇太极改为“满洲”，即现在的满族。

◇女真骑马武士砖雕

其时，松花江流域的女真族兴起，完颜阿骨打于1115年建立金国，向南屡败辽兵。宋金约定联合攻辽。宣和七年（1125）金灭辽，乘势侵宋，进逼开封。钦宗拒绝李纲等人意见，对金割地赔款求和。金人再度南侵，攻入开封，靖康二年（1127）掳徽、钦二帝及皇室并宝玺舆服等北撤，北宋灭亡。

南宋与金南方的社会经济

建炎元年五月，赵构于南京应天府(今河南商丘)即位，是为南宋高宗。宋高宗赵构置北方大批抗金的忠义民兵于不顾，迁都扬州。建炎二年金人南侵，高宗逃亡杭州（临安），再逃海上。金人蹂躏至于浙东。此后岳飞力撑危局，在长江中游出击，一度攻占郑州、洛阳等地，并积极联络各地忠义民兵。但是高宗畏惧金人，以秦桧为相，以“莫须有”的罪名杀害岳

◇岳飞庙

莫须有

“莫须有”出自《宋史·岳飞传》，在秦桧给岳飞定罪的时候，韩世忠不服，找秦桧质问。秦桧说岳飞儿子岳云给张宪的反信，虽找不到了，可是“其事体莫须有”。韩世忠说：“‘莫须有’三字，何以服天下？”从宋代口语角度来看，“莫须”是“难道不”或“难道没”的意思，“莫须有”的意思是：“难道没有吗？”

飞，于绍兴十一年(1141)签订屈辱的和议，对金称臣纳贡。孝宗隆兴二年(1164)改金宋君臣之国为叔侄之国。宁宗时韩侂胄北伐失败，嘉定元年(1208)又改为伯侄之国。此时蒙古族已兴起于金国后方，金国从中都（今北京）迁都南京（今河南开

封）以避其锋。蒙古军陷开封，南宋军与之配合，共围金哀宗于蔡州，端平元年(1234)金亡。从此蒙古军不断南侵，攻占成都、襄阳，陷大理，得吐蕃，终于进逼临安，于1276年灭南宋。文天祥、张世杰、陆秀夫等于海上拥立幼帝，但不久亦告失败。

南宋统治腐败，土地兼并严重，农民暴动不断发生。但是这个时期南方经济发展很快，人口和垦田面积大增，水区多圩田，山区多梯田。新稻种的育成和传入，麦稻两熟和双季稻的出现，大大提高了亩产量。茶树、甘蔗、桑麻、棉花（当时称木绵）以及柑橘、荔枝等果木，种植都比较普遍。丝织、造纸、雕版印刷、造船等手工业都空前发达。商业活跃，铸钱远不足用。北宋时已出现了称为交子的纸币，南宋时纸币成为主要货币。由于滥发纸币，使物价上涨，人民生活困苦，国家也面临财政危机。

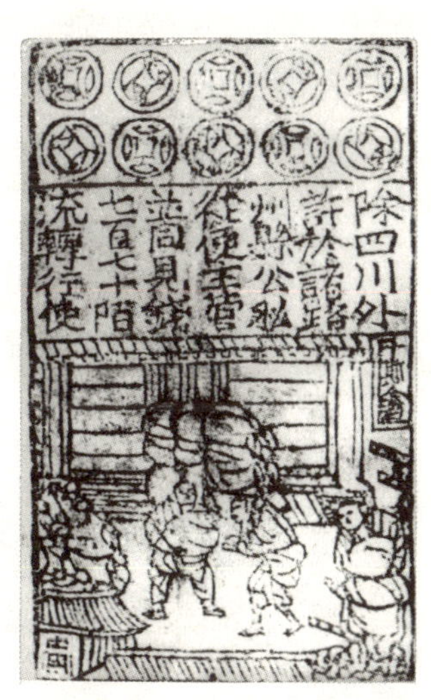

◇宋代交子

交子

被认为是世界最早使用的纸币。北宋初年，四川成都出现了专为携带巨款的商人经营现钱保管业务的交子铺户。存款人把现金交付给铺户，铺户把存款额临时填写在用楮纸制作的卷面上，存款人取现时付给铺户3%的保管费。此时交子只是存取款凭据，而非货币。随着商品经济的发展，交子铺日多，交子也更难伪造，具备了信用货币的品格。后来交子铺户开始印刷有统一面额和格式的“交子”，作为一种新的流通手段向市场发行，成为真正的纸币。宋仁宗天圣元年（1023），政府设益州交子务，正式发行官方纸币——“官交子”。

元

蒙古族原居大漠以北。铁木真击败各部落，完成了蒙古的统一，于1206年建蒙古国，称成吉思汗。蒙古军在灭西夏(1227)、灭金(1234)以前，发动西侵，至于中亚、东欧、波斯；以后又两次西侵。这个以和林（今蒙古国哈尔和林）为中心的横跨欧亚的大汗国，不久就分裂成几个独立的汗国，名义上奉蒙古皇帝为大汗。1271年忽必烈改国号为元，以金中都为大都。1276年元灭南宋，统一南北。此后十余年中，元军屡次入侵邻国，多败少胜。元朝任用汉地士人兴儒学，定制度，设中书省管理行政，枢密院司军事。中书省辖河北、山东、山西等“腹里”地区，余地分设行中书省（行省）。全国有驿站联系，沟通信息。

元朝的北方承长期战乱之后，破坏严重。元世祖提倡农垦，修治黄河。为蒙古贵族和官府需要的手工业，都设局管

◇16世纪绘画。蒙古军队利用浮桥横渡长江，攻打宋军。

中书省

中国古代中央最高政府机构之一。始设于魏文帝曹丕之时。其最重要的职权是撰写诏令文书。中统元年（1260）忽必烈即位后采用中原官制，设中书省以总理全国政务，为最高行政机构。中书省领六部，且直辖山东、山西、河北及内蒙古部分“腹里”地区（即内地）。在统一全国过程中，各地区相继分立行中书省，总隶于中书省。

◇清朝《通惠河漕运图》局部。画中描绘清康熙年间通惠河漕运情况。

◇至元通行宝钞（局部）

色目人

元朝对除蒙古以外的西北各族、西域以至欧洲各族人的概称。“色目”源于前代，意为“各色名目”。元人使用“色目人”就是指其种类繁多。当时常见的色目人有唐兀、乃蛮、汪古、回回、畏兀儿、康里、钦察、阿速、哈鲁、吐蕃等。色目人在元朝的建立和统一全国的过程中大量进入汉族居住地区，他们受到元朝的重视，被列为全国四等人中的第二等人，待遇仅次于蒙古人，而高于汉人和南人。

通惠河

通惠河是元代挖建的漕运河道，由郭守敬主持修建。至元二十九年（1292）开工，至元三十年完工，元世祖将此河命名为“通惠河”。最早开挖的通惠河自昌平白浮村神山泉经瓮山泊(今昆明湖)至积水潭、中南海，自文明门（今崇文门）外向东，在今天的朝阳区杨闸村向东南折，至通州高丽庄（今张家湾村）入潞河（今北运河故道），全长82千米。其中从瓮山泊至积水潭这一段河道在元代称为高梁河。通惠河开挖后，行船漕运可以到达积水潭，因此积水潭，包括现今的什刹海、后海一带，成为大运河的终点。

◇郭子兴（？～1355），红巾军首领。濠州定远（今属安徽）人。后任朱元璋军主帅，将义女马氏嫁给朱元璋（马氏就是后来明太祖的马皇后）。至正十五年（1355）用朱元璋之计夺取和州，同年春在和阳（今安徽和县）病死。明初被追封为滁阳王。

理，用匠户生产。民间棉织业、丝织业相当发达。通惠河的开凿使大运河可以直达大都，便利漕运。近海航运也较发达。纸币“交钞”行用于全国。西方人旅居中国的很多，称色目人。许多色目人经营国内外贸易，拥有特权。大都在那时是一个国际都会。

蒙古政权对汉人剥削压迫严重，引起汉人的强烈反抗。元顺帝妥欢贴睦尔时以宗教和秘密结社为纽带的农民暴动遍及全国。至正十一年(1351)，修治黄河的民工中爆发了以红巾为标志的大起义，迅速蔓延到河淮广大地区，继续向四方扩展。红巾军徐寿辉、彭莹玉部攻下杭州，众至百万。刘福通部于至正十五年于亳州奉韩林儿为帝，稍后分兵三路北攻元军。至正二十三年刘福通败。濠州红巾军朱元璋过江在苏、皖、浙一带压平各支割据势力，罗致士人，振兴农业，不久就奄有东南半壁。至正二十七年朱元璋北伐，以“驱逐胡虏，恢复中华”为号召，第二年进据大都，建立明朝。

宋、元科技与学术文化

宋代科学上最主要的成就，是指南针、印刷术和火药三大发明的开发应用。战国时人发现了磁石指南原理，北宋时指南针广泛应用于航海中，是航运史上的空前进步。北宋出现了毕昇创造的活字印刷术，比欧洲早四百年。唐末战争中开始出现的火药和火药武器，在宋、金、元军中多有使用。管形火器出现，在武器发展中具有划时代意义。此外宋苏颂创制了世界第一台天文钟，宋李诫写成建筑学著作《营造法式》，元郭守敬制订了先进的授时历，王桢写成《农书》，都是重要的科技成就。宋沈括《梦溪笔谈》是一部古典科技名著，被称为中国科学史上的座标。

◇司南模型

《梦溪笔谈》

北宋沈括所著的笔记体著作，约成书于1086~1093年，收录了作者一生的所见所闻和见解。现存《梦溪笔谈》分为26卷，分故事、辩证、乐律、象数等17个门类共609条，涉及天文学、数学、地理、地质、军事、考古及音乐等内容。《梦溪笔谈》是中国科学技术史上的重要文献。书中还记述了当时一些重大科技成就，如指南针、活字印刷术、炼铜、炼钢、石油等。其中“石油”一词是在该书中首次提出的，并且沿用至今。

◇《梦溪笔谈》卷十八雕版

儒家经学吸收了佛、道思想，在宋代形成理学。程朱理学以程颢、程颐和朱熹为代表，认为理在百物之先，是客观唯心主义。陆九渊主张心即是理，称为心学，是主观唯心主义。浙东学派的思想家陈亮、叶适则具有朴素的唯物主义思想。宗教方面，宋代佛教禅宗最为发达，元代则重喇嘛教。宋、辽、金、元都曾刻印大藏经。道教也颇流行，宋徽宗就是著名的道教徒。金、元时期刻有道藏。此时中原形成了一些新的道教派系，其中全真道的丘处机受到成吉思汗的尊崇。唐代传入的基督教(景教，也里可温)、伊斯兰教、摩尼教，宋元以后颇为流行。摩尼教南宋民间称吃菜事魔，在方腊起义和元末农民战争中都曾起过组织作用。

◇福建尤溪朱熹出生地

程朱理学

程朱理学是北宋理学家程颢、程颐和南宋理学家朱熹思想的合称。二程曾是北宋理学开山大师周敦颐的学生，把“理”或“天理”视作哲学的最高范畴，认为理无所不在，不生不灭，不仅是世界的本原，也是社会生活的最高准则。二程学说的出现，标志着宋代理学思想体系的正式形成。南宋朱熹继承和发展了二程思想，提出“去人欲，存天理”，自觉遵守三纲五常的封建道德规范。朱熹学说的出现，标志着理学发展到了成熟的阶段。

◇朱熹（1130～1200），南宋诗人、哲学家，理学代表人之一。字元晦，号晦庵，祖籍徽州婺源（今属江西）人。

古文运动有大发展，欧阳修、苏洵、苏轼、苏辙、王安石、曾巩，与唐代的韩愈、柳宗元，被称古文八大家。宋代诗作丰富，词作更达高峰。晏殊、苏轼、柳永、辛弃疾等均为一代词宗。宋、金时话本、戏曲盛行。元曲创作非常繁荣，关汉卿的《窦娥冤》，王实甫的《西厢记》，都是文学瑰宝。施耐庵的《水浒传》、罗贯中的《三国演义》面世，标志着中国古典小说的成熟。宋代史学发达，司马光主编的《资治通鉴》最负盛名。地理总志和方志著作丰富。金石学成为一门新学问。

◇司马光（1019~1086），北宋大臣，史学家。字君实，号迂叟，世称涑水先生。陕州夏县（今属山西）涑水乡人。

宋画以山水花鸟著称，风俗人物画也很盛。张择端的《清明上河画》描绘了汴京生活景况，富有史料价值。元代画家摆脱了宋代画院形式主义影响，造诣很高。

《资治通鉴》

中国历史上的第一部编年体通史，共294卷，另有《目录》30卷，《考异》30卷。记载了周威烈王二十三年（前403）到后周世宗显德六年（959）共1362年的历史。该书由司马光总其大成，协修者有刘恕、刘攽、范祖禹3人。《资治通鉴》有相当高的史料价值，尤以《隋纪》、《唐纪》、《五代纪》史料价值最高。

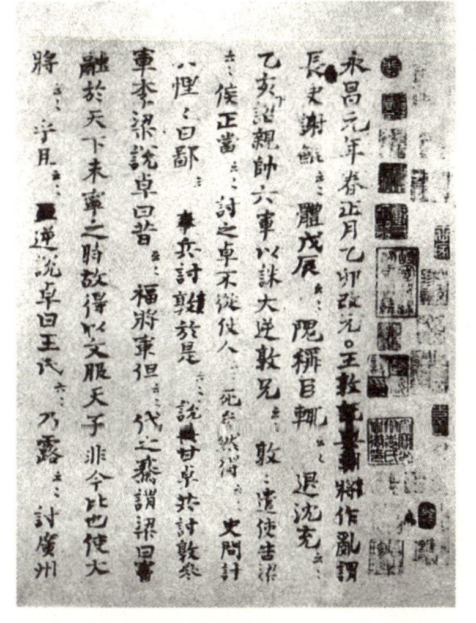

◇《资治通鉴》草稿

◇《清明上河图》（局部）

古文运动

唐代中叶及北宋时期的文学革新运动。目的在于复兴儒学，其形式就是反对骈文，提倡古文。自南北朝以来，文坛上盛行骈文，流于排偶、声律、典故、辞藻等形式，华而不实。而先秦两汉的散文，特点是质朴自由，以散行单句为主，不受格式拘束，有利于反映现实生活、表达思想。韩愈最先提出“古文”这一概念，认为自己的散文继承了先秦两汉散文的传统。后来韩愈、柳宗元等的倡导得到文坛的热烈响应，掀起了颇有声势的古文运动，把散文的发展推向了一个新的阶段。

元曲

一般来说，杂剧和散曲合称为元曲，是元代文学主体。不过，元杂剧的成就和影响远远超过散曲，因此也有人以“元曲”单指杂剧。元曲也称“元代戏曲”。 元杂剧是在金院本和诸宫调的影响下，融合各种表演艺术形式而成的一种完整的戏剧形式。并在唐宋以来话本、词曲、讲唱文学的基础上创造了成熟的文学剧本。13世纪后半期是元杂剧最繁盛的时期。四折一楔子的结构形式，一人主唱，唱与说白紧密相连，曲白相生，是它的主要特色。

◇元代杂剧演出，山西洪洞县广胜寺壁画。

唐、宋、元的域外交往

唐、宋、元时的中国，是世界上最发达的国家，经济和文化对于四邻都具有很大的吸引力。这个时期各国使臣、商人、学者和宗教人士频繁往来，工匠东西流动，军队大规模调遣，使中国与域外交往空前活跃。

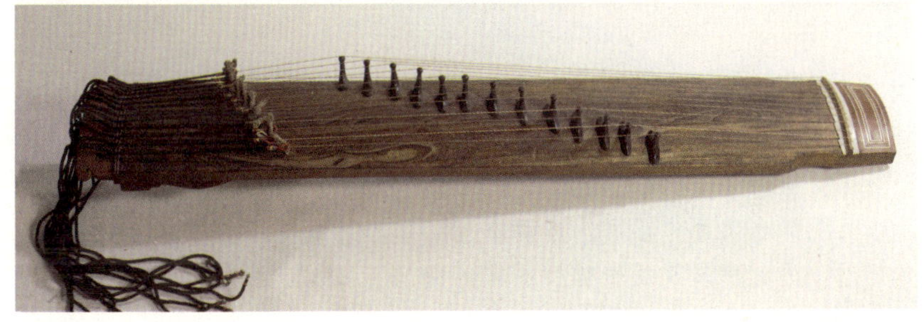

◇伽倻琴是流行于朝鲜、韩国和中国朝鲜族地区的民间拨弦乐器。相传其源于中国古代的筑、筝、瑟一类乐器。6世纪时已流行于朝鲜新罗南方的伽倻国，19世纪末由朝鲜传入中国。

中国与朝鲜半岛历有往来，隋和唐初东征高句丽，是交往密切的畸形反映。朝鲜乐舞对隋唐影响颇大。新罗①统一半岛后，与唐交聘频繁，晚唐时新罗学生留唐者达二百余人，其中的崔致远所作《桂苑笔耕集》流传至今。沿海许多城市都有新罗商人居住。日本在645年（唐贞观十九年）“大化改新”后，社会发展加速，吸收中国文化更为迫切。日本派出遣唐使十多次，每次都有士人、僧侣、工匠数百人偕行。中国鉴真和尚于天宝年间赴日传授戒律，至今犹为日本人民景仰。日本入唐的官员、僧侣回国介绍唐文化的，颇不乏人，唐朝各种制度和城市建筑，均为日本取法。日僧圆仁著《入唐求法巡礼行记》，是珍贵历史文献。日人阿倍仲麻吕汉名晁衡，仕于唐朝。

①新罗（公元前57～935），朝鲜半岛三国之一。

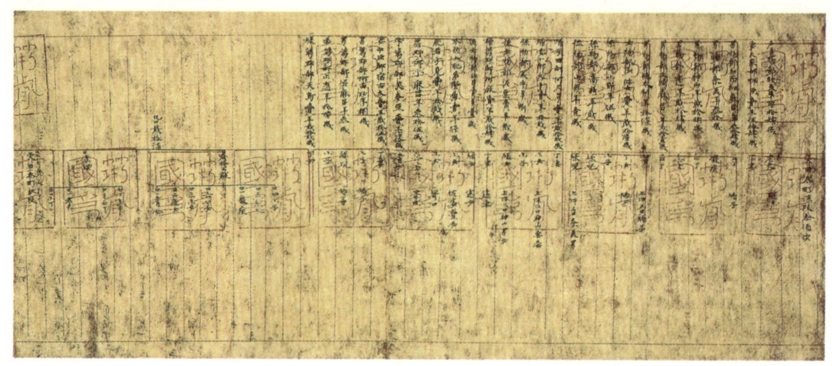

◇日本家族成员登记册，也是大化革新时征税的依据，记录项目包括姓名、年龄、纳税等级。

大化改新

645年日本的社会政治变革运动。因当时为大化元年，故名。日本以唐代律令制度为蓝本，兼顾日本旧习，通过班田收授法增加了国有土地，削弱了旧贵族势力，加强了中央集权，促进了国家的统一，由此日本进入了封建社会。

遣唐使

唐代日本派赴中国的使节团。630年，舒明天皇派出了第一次遣唐使，其后260多年间，日本朝廷一共任命了19次遣唐使，其中任命后因故中止的3次，实际成行的16次。这其中有一次仅抵百济，有两次是作为送回唐朝专使的“送唐客使”、一次作为“迎入唐使”，所以名副其实的遣唐使是12次。遣唐使对推动日本社会的发展和促进中日友好交流作出了巨大贡献，成为中日文化交流的第一次高潮。

◇抵达中国唐朝港口的日本遣唐使之船。选自1298年的《东征传画册》第四卷。《东征传画册》描绘的是曾经东渡日本传道的中国唐朝高僧鉴真的故事。

鉴真（687～763）

唐朝僧人。俗姓淳于，扬州江阳县（今江苏扬州）人。他是律宗南山宗传人，日本佛教律宗开山祖师，著名医学家。晚年受到日本僧人荣睿、普照的礼请，东渡传律。鉴真克服种种困难，先后6次终获成功。他携带佛经、佛具及佛像，于天宝十二载（753）抵日本。此时鉴真双目失明，但他仍努力弘扬佛法，传播中国文化。日本曾授予“大僧都”、“大和上”封号，日本人民誉他为“过海大师”。其著作有《鉴上人秘方》，惜未见流传。

◇鉴真纪念堂须弥座上的鉴真大师坐像，以干漆夹贮制作而成。置于江苏扬州市大明寺内。

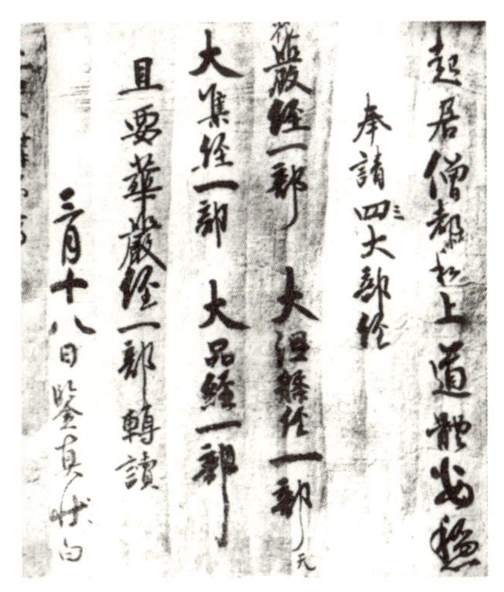

起居僧都和上道體安穩
奉請四大部經
花嚴經一部 大涅槃經一部
大集經一部 大品經一部
且要華嚴經一部轉讀
二月十八日鑒真狀白

◇鉴真请经墨迹，出自日本奈良东大寺正仓院。

唐与印度交往，玄奘、义净是重要人物。玄奘贞观时西行求法，经中亚、巴基斯坦到达印度，取经东归后所写《大唐西域记》，是所至诸国古史的重要资料。义净稍后由海道至印度求法，也有著作留存。唐代观象授时官吏多印度人。唐还与大食、波斯有密切交往。

◇645年，玄奘取经归来，僧侣与信徒们在长安的寺院前迎接驮着来自印度的佛教画像与经书手稿的马队。

《大唐西域记》

《大唐西域记》为唐代著名高僧玄奘口述，门人辩机奉唐太宗之敕令笔录而成。共12卷，成书于贞观二十年(646),为玄奘游历印度、西域19年间之游历见闻录。该书内容非常丰富，还保存了大量古印度史料，著名的印度那烂陀寺遗址就是根据此书线索发掘和复原的。

◇那烂陀寺，古印度著名佛教寺院。遗址在今印度比哈尔邦巴腊贡附近。据佛教传说，此地是释迦牟尼大弟子舍利弗的诞生及逝世处，释迦牟尼本人亦曾路经此地说法。5～12世纪，此寺一直是印度佛教重要的教学及研究中心之一。据说极盛时期,曾藏书900万卷，佛教学者云集,主客常达万人。不仅当时印度的著名佛教学者在此修持讲学，中国、朝鲜、日本等国的一些僧人也不远万里到此游学。7世纪中国的玄奘、义净都在那烂陀寺居住过多年。12世纪末，该寺为入侵的突厥人所毁。

宋代域外海上交通频繁，南行多由广州、泉州，东行多由登州、明州。港口城市设市舶司，主管船舶出入。进出口货物种类甚多。

元代域外交往极盛。西方诸蒙古汗国多与元有驿路相通。东西方之间往来的使节、商人，比以往任何时候都多。元与日本、东南亚诸国也多联系。中印之间的海上，多有中国船舶航行。与阿拉伯半岛交通，除海路外，据说还有经云南的陆路。远输东非的中国瓷器，甚至转销到摩洛哥。1246年蒙古大汗曾有诏书致欧洲教皇。罗马天主教士东来者多，大都、泉州都设主教。1275年威尼斯商人之子马可·波罗（1254~1324）随父来中国，侨居17年，留下著作《马可·波罗游记》，在许多世纪中一直是西方人了解中国和亚洲的主要文献之一。

◇拿水壶的大食人陶俑，传陕西西安出土。

◇马可·波罗像

《马可·波罗游记》

《马可·波罗游记》(又名《马可·波罗行记》、《东方闻见录》)，是意大利著名的旅行家、商人马可·波罗关于亚洲的一部游记。全书共分4卷，其中第二卷记述了他在中国的见闻。很多篇幅都提到了忽必烈和北京。此书是欧洲人撰写的第一部详尽描绘中国历史、文化和艺术的游记，它向中世纪的欧洲打开了一个全新的世界，引起了欧洲人对东方的热烈向往，对以后新航路的开辟产生了巨大影响。

专制统治的延续、衰落和资本主义列强的入侵——明清（1368~1911年）

明朝的建立及其政治、军事

洪武元年(1368)朱元璋即皇帝位于南京，是为明太祖。明朝建立之初，致力加强封建专制主义中央集权。明太祖朱元璋借胡惟庸、蓝玉二案，诛杀大批功臣，锄灭异己，提高皇权（见胡惟庸案、蓝玉案）。废丞相，分中央权力于吏、户、礼、兵、刑、工六部，设锦衣卫（明成祖朱棣时又设东厂），由宦官掌管，直接听命于

◇明太祖朱元璋像

朱元璋（1328~1398）

明朝开国皇帝。濠州钟离（今安徽凤阳东北）人。少时穷苦，一度入皇觉寺当和尚。25岁时参加郭子兴领导的红巾军反抗蒙元暴政，以战功连续升迁。元至正二十八年(1368)在南京称帝，国号大明，年号洪武。他在位期间(1368~1398)为了缓和阶级矛盾、民族矛盾和统治阶级内部的矛盾，实行了抗击外侵、革新政治、发展生产、安定民生等政策，同时在政治、经济、军事、思想等方面都大力加强了君主专制。

胡惟庸案

明初，丞相胡惟庸专权擅政、结党营私、骄横跋扈，使明太祖朱元璋极为不满。洪武十三年（1380）正月，有人上书告胡惟庸谋反，朱元璋便将胡惟庸等处死。胡惟庸死后，其“罪状”被陆续揭发，受株连的“逆党”有3万多人，前后持续10年之久。“胡党”受株连至死或已死而追夺爵位的开国功臣有李善长、南雄侯赵庸、永嘉侯朱亮祖、荥阳侯郑遇春等。胡惟庸被杀后，朱元璋遂罢丞相，革中书省，并规定嗣君不得再立丞相，臣下敢有奏请说立者，处以重刑。这样一来，丞相职权由六部分理，皇帝拥有了至高无上的权力，中央集权进一步加强。

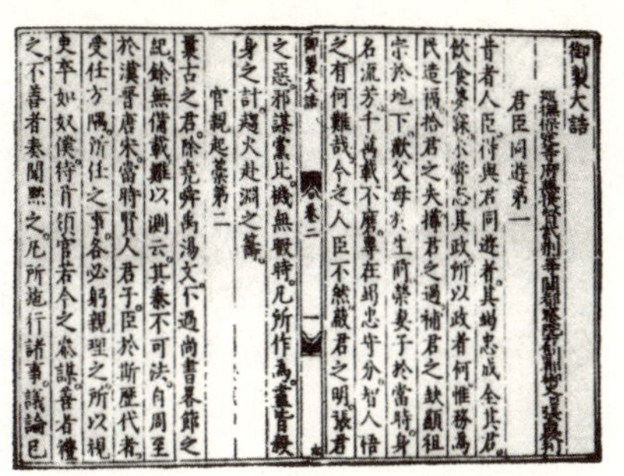
御製大誥

君臣同遊第一

昔者人臣得與君同遊者其竭忠成全其君飲食必思不忘其政所以政者何惟務為民造福拾君之失撙君之過補君之缺顯祖宗於地下歡父母於生前榮妻子於當時身名流芳千萬載不磨事在竭忠守分智人倡之有何難哉今之人臣不然蔽君之明張君之惡邪謀黨比幾無暇時凡所作為盡皆殺身之計趨火赴淵之蠢

官親起藁第二

曩古之君除堯舜禹湯文下逮尚書暮節之紀餘無備載難以測云其秦不可法自周至於漢晉唐宋當時賢人君子臣於斯歷代者受任方隅所任之事各必躬親理之所以視吏卒如奴僕待首領官若今之吏謀吾者禮之不善者奏聞黜之凡所施行諸事議論已

御製大誥 卷二 一

◇《御制大诰》，明太祖朱元璋亲自写定的刑典。

蓝玉案

明太祖洪武二十六年（1393），朱元璋借口凉国公蓝玉谋反，株连杀戮功臣宿将的政治案件。蓝玉是凤阳府定远县（今属安徽）人，开平王常遇春的内弟，有谋略，作战英勇，屡立战功，封凉国公。但蓝玉居功自傲，骄横跋扈。他蓄庄奴达数千人之多，并仗势侵占民田。北征时私占大量珍宝驼马。回师夜经喜峰关，因守关吏未及时开门，竟纵兵毁关而入。他的行为召致朱元璋的极大不满，但蓝玉乃不收敛，最终被杀，并株连蔓引，自公侯伯以至文武官员，被杀者约2万人。该案与胡惟庸案合称为胡蓝之狱。此两案发生后，明朝元功宿将已屠戮殆尽。

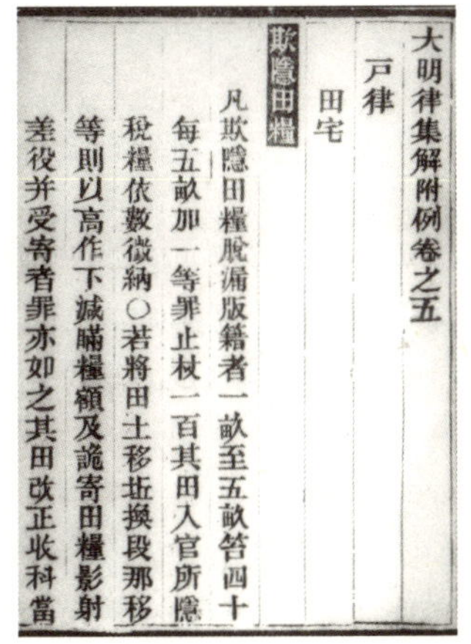
大明律集解附例卷之五

戸律

田宅

欺隱田糧

凡欺隱田糧脱漏版籍者一畝至五畝笞四十每五畝加一等罪止杖一百其田入官所隱稅糧依數徵納○若將田土移坵換段那移等則以高作下減瞞糧額及詭寄田糧影射差役并受寄者罪亦如之其田改正收科當

◇《大明律集解附例》。律注或律解，是各条正文的必要注解，一般以小字夹编在各律条相应的文字之间。它的作用是弥补正文因语言太简略而带来的缺漏，或消除由简约而产生的歧义。在明代，律注可能有多家，明万历十三年（1585），官方曾把它认可的各家律注集中起来，附编在律典中，称为《大明律集解附例》。“集解”，就是汇集各种解释。共30卷，460条。

锦衣卫

锦衣亲军都指挥使司，皇帝的侍卫机构。为了监视、侦查、镇压官吏的不法行为，明太祖先后任用亲信文武官员充当“检校”。洪武二年（1369）改设大内亲军都督府，十五年设锦衣卫，作为皇帝侍卫的军事机构。为加强中央集权统治，朱元璋特令其掌管刑狱，进行巡察缉捕。其下设镇抚司，进行侦察、逮捕、审问活动时可以不经司法部门。

◇锦衣卫印（木）

◇锦衣卫象牙牌

东厂

即东缉事厂，明朝的特务机关和秘密警察机关。与锦衣卫合称为“厂卫”。永乐十八年（1420）十二月，明成祖朱棣为镇压政治上的反对力量而设立。职能是“访谋逆妖言大奸恶等，与锦衣卫均权势”。起初东厂只负责侦缉、抓人，并没有审讯犯人的权利，但到了明末，东厂也有了自己的监狱。东厂监视官吏、学者、社会名流等各种政治力量，并有权直接向皇帝汇报。依据监视得到的情报，东厂对地位较低的政治反对派，不经司法审判，可以直接将其逮捕、审讯；而对于担任政府高级官员或有皇室贵族身份的反对派，东厂在得到皇帝的授权后也能够对其进行逮捕和审讯。

◇建立东厂的明成祖朱棣像

皇帝，侦查和镇压反对势力。全国各地设十三布政使司，由布政使、按察使、都指挥使分理民政、财政、司法、军事。军队分驻各地，屯田自给，设立卫所，由兵部和五军都督府管辖。科举取士，考试八股文，专以四书五经命题。调查各地居民的丁口、产业，载入黄册。丈量全国土地，将每户土地的数目、四至载入鱼鳞图册，作为赋役的依据。又实行里甲制，里甲内人民互相知保，以防止犯罪、逃亡、隐匿等情。

卫所

卫所制度是明朝军队中最重要的一项制度。由明太祖朱元璋模仿北魏隋唐的府兵制，又吸收元朝军制的内容而制定。防区在一府之内的设所，一府以上的设卫。各卫所分属于各省的都指挥使司，由中央的五军都督府分别管辖。由于同时采取屯田制，军队大体能够靠屯田自养，大大减轻了人民的负担。但是到明中叶，屯田大多被军官吞蚀，军士破产逃亡，所存无几，且缺乏战斗训练，仅供地主、军官役使，不能担任防卫职责，后来便被募兵代替。

◇明朝“禾屯吉卫指挥使司印”印文

布政使司

明朝官署名，是直属中央政府管理的一级行政区，全称“承宣布政使司”，民间简称“行省”或“省”。明初，沿袭元制。洪武九年（1376），朱元璋改行中书省为“承宣布政使司”。明朝中央政府直接管辖的行政区有2个直隶和13个“布政使司”，共15省。

◇《浙江濒海地图》。为防止倭寇侵扰，明朝政府在沿海设置卫所，修筑堡垒。

八股文

明清科举考试制度规定的一种文体，也叫时文、制艺、时艺、四书文、八比文。这种文体有一整套固定的格式，规定由破题、承题、起讲、入手、起股、中股、后股、束股八个部分组成，每一部分的句数、句型也都有严格的限定。“破题”规定两句，说破题目意义；“承题”三句或四句，承接“破题”加以说明；“起讲”概括全文，是议论的开始；“入手”引入文章主体；从“起股”到“束股”是八股文的主要部分，尤以“中股”为重心。在正式议论的这四个段落中，每段都有两股相互排比对偶的文字，共八股，八股文由此得名。八股文的题目和内容都出自四书、五经，由于要模拟圣贤的口气，传达圣贤的思想，考生不能自由发挥，很大程度上束缚了士人的思想，摧残了有识之士。

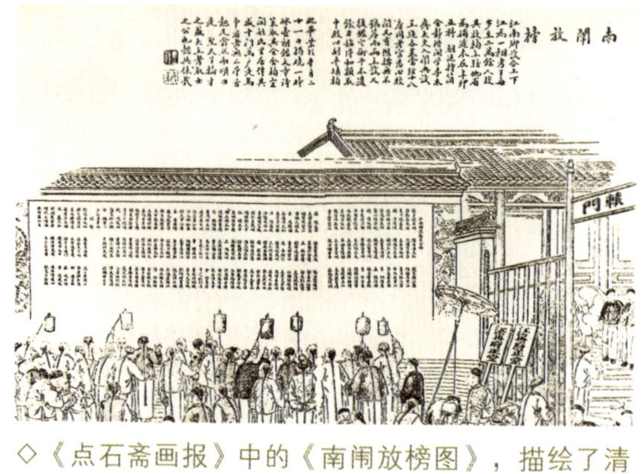

◇《点石斋画报》中的《南闱放榜图》，描绘了清代江南乡试放榜的情景。

朱元璋分封诸子于各地，使之屏藩朝廷。他死后，皇孙建文帝即位，被其叔燕王棣起兵打败，史称“靖难之役”。朱棣即帝位，即明成祖。为了备御退往北方的元朝残余势力，明成祖多次领兵出塞作战，并迁都北京。此后，蒙古瓦剌部领袖也先率兵入内地，明英宗率兵亲征，被俘于土木堡（见土木之变）。也先兵临北京城下。兵部尚书于谦等与北京军民竭力防御，另立英宗之弟祁钰为景帝。也先战不胜，议和退兵，释放英宗。明英宗夺回帝位，杀于谦等（见夺门之变）。

明朝加强中央集权，但许多皇帝或昏庸、或年幼，不亲理朝政，大权旁落于宦官之手。司礼监代皇帝批阅奏章，发布政

土木之变

正统十四年（1449）八月，明英宗朱祁镇亲征瓦剌军时在土木堡(今河北怀来东南)被俘虏的事件。明英宗即位时仅9岁，宦官王振把持朝政。正统十四年七月，瓦剌首领也先率军南下，明英宗在王振鼓惑和挟持下，不顾臣僚劝阻决意亲征。由于王振贻误军机，明军在土木堡被瓦剌军包围，王振被明将樊忠以棰击死，英宗则被瓦剌军俘虏，50多万明军死伤过半。土木之变使明朝国力受到严重削弱，成为明朝由前期进入中期的转折点。

◇被也先俘虏后又释放的明英宗朱祁镇（1427～1464）。

夺门之变

明代将领石亨、太监曹吉祥等人于景泰八年（1457）拥明英宗朱祁镇复位的政变，又名南宫复辟。明英宗在土木之变中被俘后，当时在京城的兵部尚书于谦、吏部尚书王文等拥立英宗的弟弟朱祁钰为帝（即景帝），遥尊英宗为太上皇。英宗次年被释归，被景帝幽禁于南宫。景泰八年景帝病重，大将石亨等见状发动政变，拥英宗复辟。英宗复位后，以谋逆罪杀死了于谦、王文，对石亨等人则分别晋官加爵。

◇于谦（1398～1457），字廷益，号节庵，钱塘（今浙江杭州）人。

令，他们作威作福，贪污勒索，迫害正直的大臣，朝政日益腐败，社会矛盾尖锐。明朝中叶发生了许多次农民起义，但都被镇压下去。

嘉靖时，宦官势力一度受裁抑，但内阁又擅权。内阁成员用翰林院官吏，职责是协助皇帝处理政务，权力渐大。严嵩为内阁首辅，专权甚久，贿赂公行，政治腐败，边疆的事态也很严重。蒙古鞑靼部势力复振，明廷设立九边重镇，修筑长城，屯驻重兵，仍不能挡住蒙古的进攻。俺答汗多次突入长城，逼近北京。

九边

又称九镇，是自明成祖朱棣到明孝宗弘治年间在北部边境沿长城防线陆续设立的九个军事重镇，分别是辽东镇、宣府镇、大同镇、延绥镇（也称榆林镇）、宁夏镇、甘肃镇、蓟州镇、太原镇（也称山西镇或三关镇）、固原镇（也称陕西镇）。除此九镇外，嘉靖年间又在北京西北增设了真保镇和昌平镇，万历年间又从固原镇分出临洮镇，从蓟州镇分出山海镇。

◇《九边图》大同段

鞑靼

中国古代北方有多重含义的民族泛称。唐代指蒙古高原东边的塔塔尔部。又作达怛等。最早见于唐代突厥文碑铭和某些汉文记载。突厥的覆亡和回鹘的西迁等，一再给鞑靼人提供了向西推进的机会。9世纪前后，阴山南北从边塞到河西、青海都出现了鞑靼人。宋元时期，鞑靼成为蒙古各部的泛称。有时蒙古人也自称达达。有的记载称蒙古人为黑鞑或蒙鞑，称汪古人为白鞑，或依其开化程度区别为熟鞑靼与生鞑靼。13世纪蒙古人西迁，鞑靼之称逐渐传遍西方。俄国亦将境内操突厥语诸族称为鞑靼人。明代，对元顺帝退出大都至林丹汗时期的漠南、漠北蒙古人也称为鞑靼。

◇明代金山岭长城位于河北滦平与北京密云的交界处，这段长城军事设施完备，构筑坚实，从金山岭至司马台是原貌保存最完好的一段长城。

隆庆、万历年间，内阁首辅张居正为了缓和社会矛盾，挽救明朝统治，实行改革。他大力加强边防，整顿吏治，振兴农桑，修治河道。他还在全国范围推行一条鞭法。把各种名目的赋税杂役，合并为一，折银征收，杜绝征收中的许多弊端，一定程度上减轻了人民的负担。

张居正（1525~1582）

明代政治家。字叔大，号太岳，江陵（今属湖北）人。嘉靖二十六年（1547）进士。隆庆二年至五年间（1568~1571），他与高拱、戚继光等整顿北边武备，使北方边塞数十年安定。明神宗即位后，张居正与太监冯保合谋，掌握大权，进行改革。以“考成法”整顿官僚机构，加强内阁职权，抑制宦官势力；改革赋役制度，推行一条鞭法；在全国清丈田亩；采取厚商措施，整顿钱法，严禁私铸；治理黄、淮河，减轻了黄、淮下游的水患。张居正改革只是地主阶级内部的改良运动。其死后，除一条鞭法外，其他改革几乎全部废止。

◇张居正像

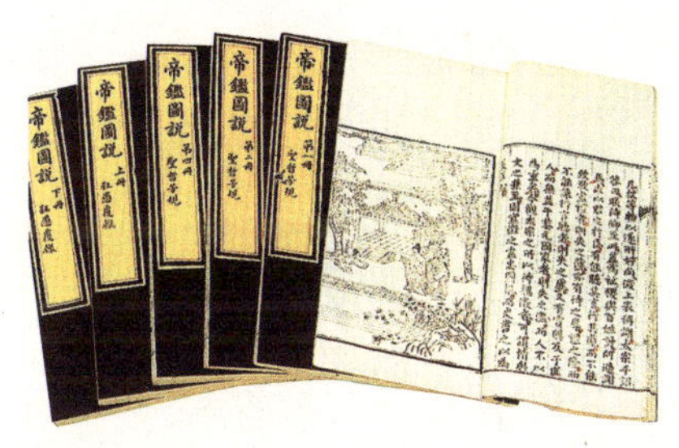

◇张居正所著《帝监图说》，是一部有关封建帝王修身养性、齐家治国平天下的历史读物。

一条鞭法

明代中叶后赋役方面的改革。初名条编，又名类编法、总编法、明编法等。后“编”又作“鞭”，有时还用“边”。主要是把一县的赋役合并为一条：先将赋和役分别合并；再将一省丁银均一省徭役，每粮一石编银若干，每丁审银若干；最后将役银与赋银合并征收。这是16世纪明代管理者试图获得一种理想状态的努力：徭役完全取消，里甲体系不再存在，任何残留的人头税都并入田赋。而纳税人可以通过分期支付单一的、固定的白银来履行对国家的义务。

商品经济发展和资本主义萌芽

由于蒙古贵族、僧侣以及汉族大地主受到打击，明朝初年，社会上出现了许多无主荒地。明太祖收集流亡，减免赋税，自耕农的数量显著增加了。不少奴婢获得了自由，佃户对地主的依附关系也有所削弱。手工业匠役除规定的劳役外，有更多的时间可以受雇佣。明初在全国推广植棉，提倡种植经济作物，烟草、番薯、玉米、花生等农业新品种先后从国外引进中国。手工业方面，遵化铁冶、佛山铁冶、北京西山的采煤、景德镇的制瓷、苏州的丝织、松江棉布都发展到了较高的水平。丝织业中，一方面出现了拥有数十张织机的机户，是手工作坊主或工场主；另一方面出现了掌握生产技能，专受雇佣的“机工”。机户与机工之间是雇佣关系。这表明，中国的资本主义已有了微弱的萌芽。

机户与机工

明中期以后，以生产商品为目的的纺织业逐渐兴起，江南一带还发展出了独立的手工业工场。苏州出现了以丝织业为主的机户，他们拥有资金和几台到几十台织机，雇佣机工在其机房中生产。机户是早期的资本家，机工是早期的雇佣工人。“机户出资，机工出力”，这种雇佣关系是资本主义性质的生产关系。

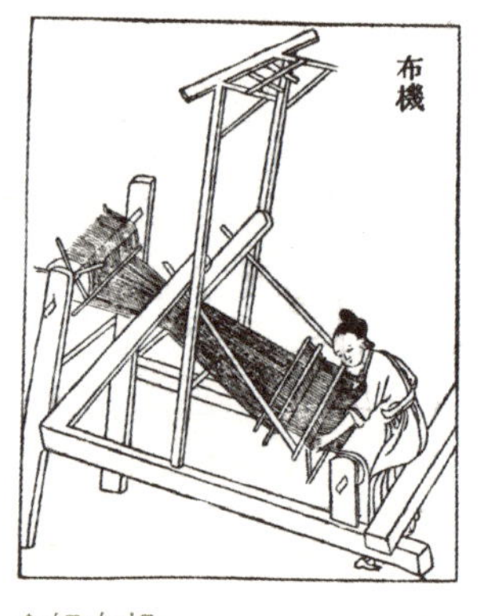

◇织布机

◇松江印花布。元明两代，松江地区的织造技术日益精湛，产品销往全国以及日本和朝鲜，有“衣被天下”之称。松江布是一种名为斜纹布的高级棉布，采用经直纬错的织法，立体感较强，史书载“望之如绒”。

◇《南都繁会图》（局部）。此图描绘了明万历时期南京城商业繁盛的情景。

在发达的农业和手工业的基础上，商品经济更加发展。商品种类繁多，交换频繁。在物产丰富、交通便利的地方，形成了大大小小的商业中心，出现了如北京、南京、苏州、杭州、广州以及汉口、佛山等繁华的城镇。农村中，集市庙会贸易更加兴旺，在全国范围内形成了流通贸易的渠道和网点。

“三言”、“二拍”与明代经济生活

“三言”、“二拍”是明代市民文学短篇的汇集。“三言”是指冯梦龙（1574~1646）的《喻世名言》、《警世通言》、《醒世恒言》。“二拍”指凌蒙初（1580~1644）的《初刻拍案惊奇》和《二刻拍案惊奇》。其内容在相当大的程度上反映了明代中晚期城乡经济发展状况。还出现了很多对工商业者大加褒奖的作品，公开为商人辩护，主张“江湖上做些买卖，也是正经”。

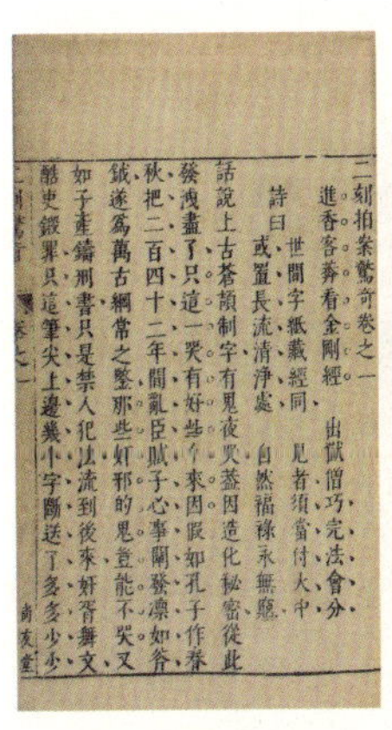

二刻拍案驚奇卷之一
進香客莽看金剛經　出獄僧巧完法會分
詩曰
世間字紙藏經同　見者須當付火中
或置長流清淨處　自然福祿永無窮
話說上古蒼頡制字有鬼夜哭蓋因造化秘密從此
發洩盡了只這一哭有好些个來因假如孔子作春
秋把二百四十二年間亂臣賊子心事闡發凛如斧
鉞遂為萬古綱常之鑒那些奸邪的鬼豈能不哭又
如子產鑄刑書只是禁人犯法流到後來奸胥舞文
酷吏鍛罪只這筆尖上邊幾个字斷送了多多少少
二刻拍案驚奇　卷之一　尚友堂

◇《二刻拍案惊奇》

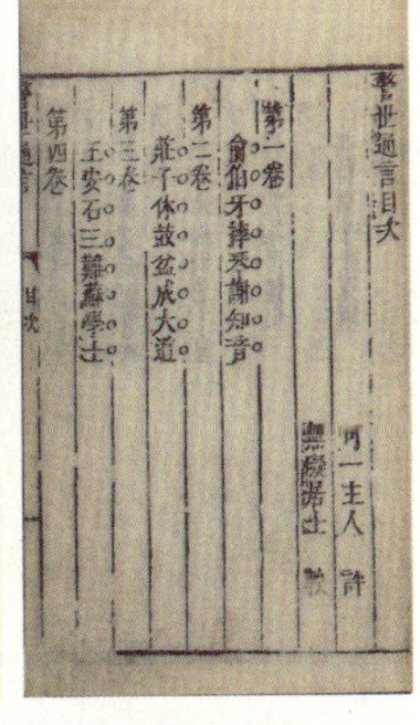

警世通言目次
可一主人　評
無礙居士　校
第一卷　俞伯牙摔琴謝知音
第二卷　莊子休鼓盆成大道
第三卷　王安石三難蘇學士
第四卷

◇《警世通言》

明朝后期的社会矛盾和明末农民起义

明朝后期，社会矛盾继续发展，土地集中十分严重。皇室和藩王勋戚的庄田遍布各地，福王的赐田达两万顷，其他藩王的赐田也很多。地主豪绅则巧取豪夺。政府赋税迅速增加，所谓“三饷”每年共征银1600余万两，超过了全年的正赋收入。

一部分官吏士大夫希望缓和社会矛盾，要求抑制宦官和贵族的特权。他们在无锡东林书院讲学，议论时政，臧否人物，被称为东林党人。东林党人遭到权贵太监的打击、迫害，增加了社会的不安定。

明末，城市居民和手工业者进行了反对矿监税使的斗争。首先是万历二十七年(1599)，临清的市民、脚夫万余

三饷

明末加收的辽饷、剿饷和练饷三项赋税的合称。辽饷又称新饷，始征于万历四十六年(1618)，按亩征收，主要用于辽东军事。剿饷是为镇压农民起义而征收的，主要也征自田土，始于崇祯十年（1637），止于十三年。练饷名义上是为训练“边兵”，加强九边各镇防御力量，实际是为了对付农民起义，崇祯十二年征派。加派三饷既是明末社会尖锐矛盾的反映，又使矛盾更加激化，成为明朝灭亡的一个重要原因。清朝统治者入关后，曾下诏免三饷，但并没有认真实行，特别是辽饷中的九厘银，还被编入《赋役全书》，成为田赋的一部分。

◇明代辽东边防重镇山海关

人，反对宦官马堂滥收商税，残剥商民。随后湖北荆襄、武汉等地市民反对宦官陈奉，苏州市民和织工反对税监孙隆，北京西山煤矿工人反对矿监杨荣。驱逐矿监税使的斗争在各地城镇此伏彼起。

◇北京故宫武英殿。李自成起义军攻克北京后，曾在这里处理日常政务。

农村中的斗争也在酝酿发动。天启七年(1627)陕西灾荒，官吏催逼赋税，激起民变。农民王二等攻入澄城，杀死知县。不久，王嘉胤、高迎祥、张献忠、李自成各部齐起，成千上万的饥民参加农民军的行列。崇祯六年(1633)闯王高迎祥联络各部义军入河南，号称十三家、七十二营，众数十万。崇祯八年，各路起义军集会于荥阳，商讨战略，联袂东进，攻破凤阳。次年高迎祥战死，余部推李自成为首，仍称“闯王”，转战不利，暂时隐避于商洛山中。崇祯十二年，复出山，招集部众。张献忠亦再起于湖北谷城。时值河南灾荒，李自成军入河南，大批饥民从之如归，有些知识分子也投入起义军队伍，出谋划策，提出“均田免赋”口号，并整顿队伍，申明纪律，实行平买平卖政策。起义军队伍迅速发展，所向克捷，攻克洛阳、襄阳、西安等地，建号“大顺”。张献忠在成都称帝，建号“大西”。崇祯十七年初，李自成起义军从西安出发，占领太原、大同、宣府，明朝官吏将士望风归附。三月十八日，大顺军进入北京，崇祯帝自缢，明朝灭亡。

满族兴起　清朝入关

满族的先世是女真，分建州、海西、野人三部。其中建州女真从黑龙江流域逐渐向南迁移，定居于长白山之南。其领袖努尔哈赤，曾受明朝龙虎将军封号，于明万历十一年(1583)起兵，经多年征战，统一了建州各部，又对海西女真作战，灭哈达(1601)、辉发(1607)、乌拉(1613)、叶赫(1617)。在战争中创立八旗制度，将满族全体军民分别编入八旗。并创制文字，设官颁律。万历四十四年，努尔哈赤称汗，国号“大金”。接着，在萨尔浒打败了明军，攻取沈阳，席卷辽西。

努尔哈赤（1559~1626）

大金（后金）开国君主，清朝奠基人。满族，爱新觉罗氏。庙号太祖。以“遗甲十三副”起兵，用了30多年时间结束了自元明以来女真社会长期分裂和动荡的局面。明万历二十七年（1599），他命额尔德尼和噶盖以蒙古文字母与女真语音创制满文。万历四十三年建立兵民合一的八旗制度。万历四十四年，努尔哈赤在赫图阿拉称汗，建立大金（史称后金）。后金天命十一年（1626）正月，努尔哈赤率军进攻宁远（今辽宁兴城）时，被袁崇焕击败，损失惨重。努尔哈赤返回沈阳后病死。

◇清太祖努尔哈赤像

◇八旗甲胄

八旗制度

满族后金时期建立起来的社会组织形式。万历四十三年（1615），努尔哈赤在原有牛录制基础上，创建了八旗制度，在正黄、正白、正红、正蓝四旗之外，增编镶黄、镶白、镶红、镶蓝四旗。旗帜除四正色旗外，黄、白、蓝均镶以红，红镶以白，即后来的满洲八旗。清太宗后来建蒙古八旗和汉军八旗，旗制与满洲八旗同，实际有了24旗。八旗由皇帝、诸王、贝勒控制。八旗制度从建立到清王朝覆灭，共存在296年。它是清王朝统治全国的重要军事支柱，与清王朝的命运紧密地联系在一起，经历了由盛而衰、由衰而亡的整个历史过程。

◇八旗

◇吴三桂像

清太祖努尔哈赤之子皇太极继位后，攻灭蒙古察哈尔部林丹汗，统一了漠南，又两次进军朝鲜，切断明廷与朝鲜的长期联盟。时明朝袁崇焕在山海关外筑城固守，皇太极避开明军的设防阵地，从其他关隘逾长城，入内地，攻掠河北、山西、山东。1636年改国号为“大清”。崇祯末，清军进攻松山、锦州地区。明督师洪承畴被俘降清，明朝在山海关外的要隘尽失。同时，皇太极努力整顿内部，建立内三院和六部，设立汉军八旗和蒙古八旗，任用汉族的官员将领，大力加强皇权，削弱满族皇室诸大贝勒的权力。崇德元年（1636）改国号为“大清”。

皇太极死后，其子顺治帝（清世祖福临）即位，多尔衮为摄政王。多尔衮在明将吴三桂的接应下，率兵入山海关，打败李自成的大顺军。李自成弃北京西走，清兵长驱而入，破陕西、入湖广，连败大顺军，又败张献忠于四川。明朝的残余势力在南方组织抵抗，但内部矛盾重重，互相倾轧，不能有效地防御。清兵南下，南明督师史可法战死于扬州。清兵先后击破南京的弘光政权、浙江的鲁王势力、福建的隆武政权、广东的绍武政

◇“扬州十日”。扬州陷落后，明军残部与城中百姓继续与清兵巷战，清统治者痛恨扬州军民的拼死抵抗，妄图杀一儆百，下令屠城，大杀十天，几十万百姓惨遭屠杀，繁华的扬州城成了一片废墟，这就是历史上的“扬州十日”。

权。由于清兵的烧杀抢劫和民族歧视，激起了汉民族的激烈反抗，其中有反对剃发令的江南士民，有北方的吕梁军、榆园军，有西南地区李定国的农民军余部以及福建沿海郑成功的队伍。南明最后一个皇帝永历与农民军合作，得以维持十余年。顺治十八年（1661）清军攻取贵州、云南，李定国战败，永历帝逃奔缅甸，后被清军俘杀。

◇清代《多铎入南京图》。图为多铎五月进入南京、灭弘光政权的场景。

剃发令

清代顺治元年（1644）颁布的强迫汉人仿照满人习惯剃发的法令。满族男人头发剃去前额和四周，剩下的头发编成辫子垂在脑后。顺治元年五月多尔衮进入北京后，宣布京城内外军民都要剃发以示归顺，但遭到北京人民的强烈反对，不久被迫停止。二年五月清兵进入南京，南明弘光政权灭亡，清廷再次颁布剃发令。规定各省地方在接到命令后10日内，所有文武官民都要剃发，衣冠服饰也要遵从清制，违抗者杀无赦，即“留发不留头”。这种强制政策加剧了清初的民族矛盾。

康熙帝（清圣祖玄烨）继位后，从专权跋扈的鳌拜手中夺回了政权，但南方的反对势力尚未消除。吴三桂在镇压南明的战争中立了功，与耿精忠、尚之信起兵反清，史称“三藩之乱”。吴三桂等一度占据了长江以南以及四川、甘肃的广大地区，但经过八年战争，仍归失败，清朝终于确立和巩固了对全国的统治。

清朝经济的恢复和发展

清政府采取各种措施，恢复和发展经济:安抚流民、鼓励垦荒;实行更名田，将明代藩王和大官僚的土地给耕者永为世业；治理黄河、淮河、永定河，建立各种堤闸塘堰；推广番薯、玉米等高产作物；又减轻赋役，蠲免钱粮；发帑赈荒。康熙五十一年(1712)宣布滋生人丁永不加赋。雍正元年(1723)推行“地丁合一”，将应收的丁银分摊入地亩之内，废除了历史上长期存在的人头税，减轻了贫民的负担（见摊丁入地）。又实行“耗羡归公”，将正税以外各地任意加派的附加税固定税额，由国家统一征收，作为补贴官员的“养廉银”。这些都使农业生产有所发展，手工业也有进步。江南棉织业很发达，棉布行销甚广，多为家庭作坊所产，已有包买商人。苏杭南京出现了拥有织机数百张的机户。云南铜矿，工人数十万，技术精良，分工细密，最高年产量达一千数百万斤。景德镇的瓷窑二三百区，工匠人夫数十万。此外，采煤、冶铁、制盐、伐木、造纸等手工行业均有一定发展。手工业的生产规模、资金数目、雇工人数、技术水平、产品质量，都达到了历史上的最

◇清代皇帝先农坛祭祀图

更名田

清初，政府将明代宗室藩王留下的田产改为原耕种佃农所有，总数约近20万顷，又称更名地。康熙七年(1668)，清廷为了加速垦荒，增加赋税收入，下诏将废藩田房变价，照民地征粮。次年，将土地无偿给予原种之人，令其耕种，照常征粮。这些改入民名的田土，称为更名田。虽然诏书宣布更名田无偿给予原种之人，但实际上并不完全如此，一些百姓得到更名田需要向国家纳价。清政府通过更名田形式把一部分藩产无偿交给原耕佃农承种，使其成为拥有合法土地所有权、向国家纳税的自耕农。

◇景德镇五彩龙凤纹瓷笔盒

摊丁入地

清政府实行的一种赋税制度。也称“地丁合一”或“摊丁入亩”，即把丁银摊入田赋中一并征收，是雍正年间赋役制度的一次重要改革。康熙五十五年（1716），开始在广东、四川等地试行摊丁入地的税制。到乾隆时通行全国，但各省实施程度不一，比如山西省到道光时还有一些县没有实行。各省的做法也不尽相同。这种税制较彻底地废除了官僚豪绅的免税特权，无田的人民不再纳丁银，纳丁银的人也无需再服徭役。虽在后来仍允许地方官征民服役，但毕竟有所限制，结束了地、户、丁赋役制度长期存在的混乱现象，简化了税制。同时，政府放松了对户籍的控制，允许农民和手工业者自由迁徙，出卖劳动力。

◇康熙御制《耕织图》

高水平。这意味着资本主义萌芽有了进一步的发展。但是，先进的经济因素集中在长江和珠江的下游地区，广大的腹地、山区和边疆，经济、文化还很落后。整个中国，农业和小手工业相结合的自给自足的自然经济仍占主要地位，封建的经济结构远未解体。

多民族统一国家的加强

清承明制，政治上多所沿袭。所不同的是有内务府管理宫廷，有理藩院管理少数民族。雍正时，又设军机处，取代内阁的职能，总揽政务。地方设巡抚、总督管辖一省或数省的军政。军队则以八旗、绿营为国家经制之兵，战时还组织团练乡勇。

清朝平定三藩以后，把战略重点移到北方，和强大的准噶尔蒙古长期作战。康熙时，准噶尔领袖噶尔丹据有伊犁，占领天山以南，征服青海、影响西藏，又和喀尔喀蒙古①冲突，打败喀尔喀三汗，三汗南奔。康熙二十九年，清军败噶尔丹军于乌兰布通。以后，康熙屡次亲征，深入大漠，噶尔丹势穷自杀。以后，策妄、策零相继为准噶尔汗，屡和清廷抗衡。策零死后，诸子互相残杀，达瓦齐夺取汗位。乾隆二十年（1755）起，清政府先后擒俘达瓦齐，打败阿睦尔撒纳，平定准噶尔。乾隆二十三年，清

军机处

清代中后期的中枢权力机关，亦称军机房、总理处。雍正七年（1729），因用兵西北，担心内阁在太和门外有可能泄露机密，便在隆宗门内设置军机房，辅佐皇帝处理政务。雍正十年改称办理军机处，简称军机处。军机处本为办理军机事务而设，但由于它便于发挥君主专制独裁，所以被其后的皇帝赋予越来越大的职权。军机处的职官有军机大臣，俗称大军机；有军机章京，俗称小军机。军机大臣由皇帝指派或由军机章京升任，没有定额。宣统三年（1911）皇族内阁成立后裁撤了军机处。

◇军机处值房，清代军机大臣轮流在军机处值房值宿，办理皇帝交办的事务。

①清代漠北蒙古族各部的通称。

绿营

清代常备兵之一。顺治初年，清廷在统一全国的过程中将收编的明军及其他汉兵，参照明军旧制，以营为基本单位进行组建，以绿旗为标志，称为绿营。绿营主要是步兵，也有骑兵和水师。其建制分京师、行省、边区三方面。绿营的基本任务是“慎巡守，备征调”，还担负差役、西北用兵、海防和河工、漕运、守陵等任务。绿营的组织系统较为严密，是维护清王朝统治的主要支柱。

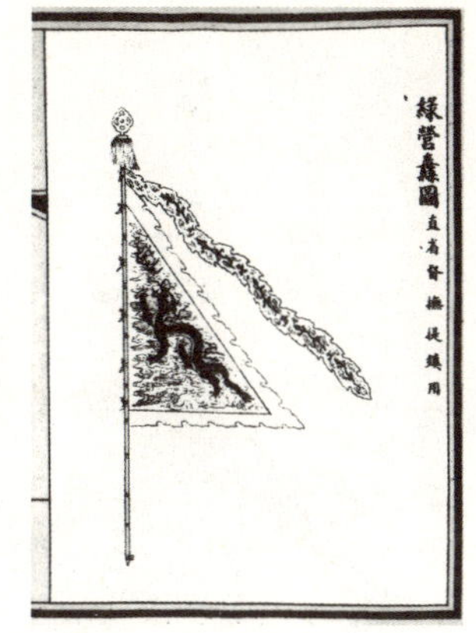

◇绿营纛图

乡勇

清代用兵时临时招募的辅助部队，源于清代前期的乡兵。乾隆末年，由于八旗兵和绿营兵战斗力低下，清廷镇压台湾林爽文起义时不得不招募地方“义勇”，与官兵一同行动。以后镇压湘黔苗民起义时，清廷也招募乡勇，在绿营之外单独成营，随军战守，时称勇营。咸丰二年（1852），曾国藩在乡勇基础上编练了湘勇（通称湘军），这是有独特制度的正规军。咸丰十一年李鸿章遵照湘军的营制、营规组建了淮军。勇营成为镇压太平军和捻军起义的主力军，清末被编为陆军，代替绿营兵成为镇压人民反抗和维护统治的武装力量。

◇淮军队列

◇清乾隆皇帝像

平定大小和卓之乱

清廷平定新疆回部伊斯兰教封建主霍集占兄弟于乾隆二十二年（1757）发动的叛乱。霍集占兄弟两人自称大小和卓，和卓的意思是“穆罕默德的后裔”。霍集占兄弟杀死清政府使臣阿敏道及兵丁百余人，霍集自称巴图尔汗，起兵叛乱，清政府立即派兵征讨。到乾隆二十四年夏，清军分两路进攻大小和卓所在的喀什噶尔城和叶尔羌城。两人在清军的大举进攻下弃城逃走，至巴达克山时被当地部落首领擒杀，尸首被送交清军。

军入南疆，平定大小和卓之乱，统一天山南北。

清朝入关以前，已和西藏发生联系。顺治时，达赖五世曾到北京觐见清帝。康熙末，清廷设驻藏大臣，经济、文化交流日益密切。乾隆后期，廓尔喀入侵西藏，大掠日喀则，清军入藏驱逐廓尔喀军，制定西藏章程，进行政治、军事、财政改革。并定“金奔巴”（金瓶）制，达赖、班禅死后，其继承人用金瓶掣签决定，以防止贵族操纵擅权。清朝还在西南地区实行改土归流政策，废除土司制度，设置行政官员。

◇清代《平定准噶尔图卷》（局部）。此图描绘乾隆二十年（1755）清军进军伊犁，平定达瓦齐叛乱的情景。

金瓶掣签

◇乾隆帝颁赐给西藏地方政府的金奔巴瓶

中国用掣签于金瓶以确定藏传佛教活佛转世人选的制度。始自清乾隆五十七年（1792）。金瓶，依藏语音译为金奔巴或金奔巴瓶。为防止大贵族操纵活佛转世，加强中央政府对西藏政教的控制，乾隆五十七年，清廷颁发两只金瓶，分别贮于拉萨大昭寺及北京雍和宫内。贮于大昭寺的金瓶，由驻藏大臣监临，主持达赖喇嘛与班禅额尔德尼及大呼图克图转世掣签之事。在雍和宫的金瓶，由理藩院尚书监临，掣签拈定章嘉呼图克图与哲布尊丹巴呼图克图转世灵童。遇有大活佛转世，先呈报备选的数个灵童的姓名、生年月日，用满、汉、藏三种文字写在牙签上，贮入金瓶，供于释迦佛像前，传唤喇嘛齐集大昭寺，诵经七日。然后由驻藏大臣亲临大昭寺，焚香顶礼，从瓶内掣签。掣得者即为转世活佛，申报朝廷请封。

◇乾隆帝赐给班禅六世的玉册

改土归流

清雍正年间在西南一些少数民族地区实行流官制、废除土司制的政治改革。为了解决土司割据的积弊，云贵总督鄂尔泰于雍正四年（1726）建议取消土司世袭制度，设立府、厅、州、县，派遣有一定任期的流官进行管理。雍正帝对此非常赞赏，令其悉心办理。雍正六年，又命贵州按察使张广泗在黔东南推行改土归流政策。改土归流的地区有滇、黔、桂、川、湘、鄂6省，涉及苗族、彝族、布依族、侗族、瑶族、水族等。改土归流废除了土司制度，加强了政府对边疆的统治，减少了土司发动叛乱的可能性，有利于少数民族地区社会经济的稳定和发展。

◇鄂尔泰（1677～1745），清雍正、乾隆时大臣。

清朝努力经营边疆，使边疆地区的经济、文化获得较大发展，国家统一更加巩固。

清朝中叶，国力中衰，社会矛盾日益尖锐。土地兼并严重，人口激增，天灾频仍，官府贪污腐败之风日盛，人民纷起反抗，包括秘密组织白莲教、天理教的反清斗争，规模不小，震撼了清王朝的统治。

◇白莲教的“莲社七祖”

白莲教

流行于元明清三代的民间宗教。南宋绍兴三年（1133），江苏吴郡茅子元创立白莲宗，教义源于佛教净土宗，崇奉阿弥陀佛。到元代，由于渗入其他宗教观念，转为崇奉弥勒佛，于是改称白莲教。元末出现了全国规模的白莲教起义，义军以“弥勒下生，明王出世”号召民众响应，自诩“大明王”的朱元璋登基后立即下令取缔白莲教，但白莲教并未消失。清进关后，白莲教徒倡言“日月复来”，在顺治、康熙、雍正三朝及乾隆初期的一个世纪内，其反清复明的活动始终没有间断过。

天理教

清代白莲教支派，又称天理会。主要首领为河南滑县人李文成、京畿大兴县人林清等。天理教崇拜太阳，信奉“三极”说，即认为世界的发生发展经历过去、现在、未来三个时期，“过去”称无极，“现在”称太极，“未来”称皇极等。天理教一改八卦教世袭传教家族敛钱自富的传统，提出了入教者缴纳根基钱(或称“种福钱”)，起事之后给予地亩官职的主张，其政治目的在于发动武装起义、推翻清王朝统治。嘉庆十八年（1813），天理教曾组织发动京师、河南、山东等地教徒起义，京师的一支还曾攻入紫禁城。在清军镇压下，各地教徒的起义先后失败。

◇天理教徒攻击紫禁城时在隆宗门匾额上留下的箭头痕迹

明清的思想文化

明清统治者大力提倡程朱理学，特别推崇朱熹。他们编纂了许多解释儒家经典的书籍，作为儒生的教材。他们也留意古代典籍的搜集编纂。明成祖编纂《永乐大典》，共22937卷；清乾隆编纂《四库全书》，共79000余卷。

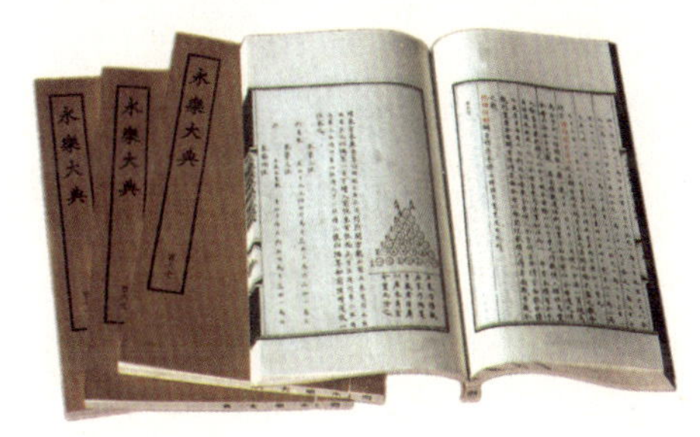

◇《详解九章算法》，《永乐大典》本。

《永乐大典》

明代官修的大型综合性类书，是中国古代最大的百科全书。始纂于永乐元年（1403），永乐五年完成，总计22937卷。主编为解缙、姚广孝等。全书按《洪武正韵》的韵目编排，以韵统字，以字系事。天文、地理、人伦、国统、道德、政治制度、名物、奇闻异见以及日、月、星、雨、风、云、霜、露和山海、江河等均随字收载。全书分门别类地收录了上自先秦，下迄明初的8000余种古书资料。入选的书都不许任意删节涂改，必须按原书一字不差地整部、整编、整段分类编入。这种编辑方法保存了大量明代以前的地理、语言、文学、哲学、历史、宗教、艺术、科学技术等方面丰富而宝贵的资料。该书编成后，珍藏在南京的文渊阁，永乐迁都后，又移至北京，很少利用。《永乐大典》正本去向至今是个迷。一说嘉靖帝非常珍爱《永乐大典》，最终正本可能作为他的陪葬物长埋永陵地宫。《永乐大典》的副本是嘉靖年间重录的，但由于官员自盗，以及英法联军和八国联军入侵北京后的肆意抢掠和焚毁等原因，所剩无几，现存世的仅有原来的百分之三四。

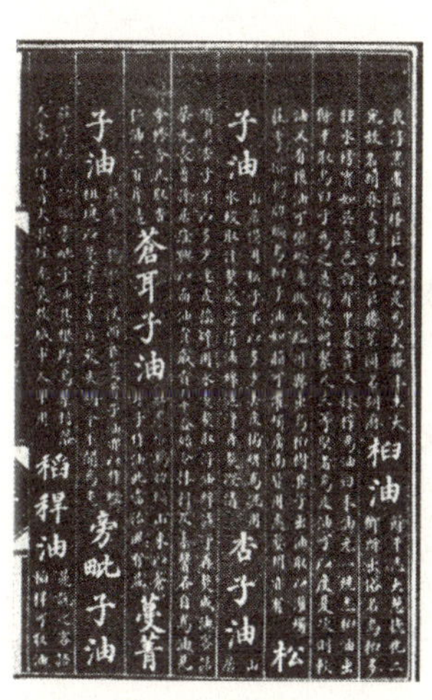

◇《永乐大典》（明写本）

《四库全书》

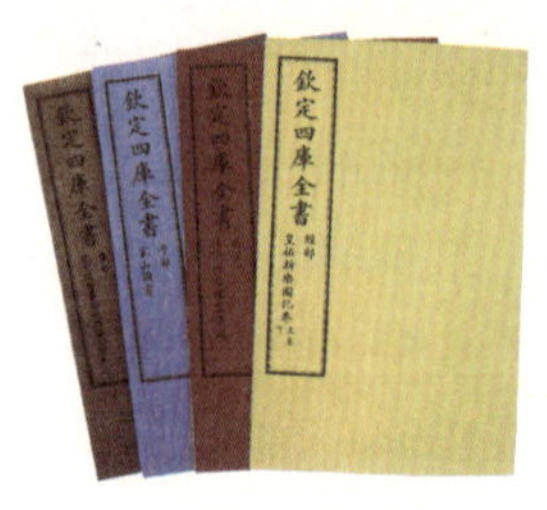
◇文渊阁藏《四库全书》

中国历史上最大的一部丛书，修于清乾隆年间。乾隆三十八年（1773），清廷下谕开馆修书，至五十八年全部完成。以中国国家图书馆所藏原文津阁本统计，共收书3503种，79337卷，36304册。全书按照西汉以来历代沿用的经史子集四部分类法编纂，每部又分若干类，类下又细化为属。全书除收录中国历代各种典籍外，还有朝鲜、日本、越南、印度以及明清之际来华的欧洲传教士的著述。全书共抄录7部，其中4部分别贮于北京内廷文渊阁、京郊圆明园文源阁、承德避暑山庄文津阁、奉天故宫文溯阁，合称北四阁。又在扬州大观堂建文汇阁、镇江金山寺建文宗阁、杭州西湖行宫建文澜阁，即江浙三阁，各藏抄本一部。副本存于京师翰林院。7部全书中，文源、文宗和文汇3部藏书，连同翰林院的副本，已全部毁于战火。现存4部中，除文渊阁本贮于台湾外，其余均在大陆。

◇《古今图书集成》，中国现存类书中规模最大、体例最完善的一部。共1万卷，分历象、方舆、明伦、博物、理学、经济6编。初稿创始于康熙四十年(1701)。雍正四年（1726）付印。原本今已罕见。

◇河北承德避暑山庄中的文津阁，清代曾在这里珍藏《四库全书》、《古今图书集成》各一部。

明朝王守仁提倡“致良知”，主张“良知”就在人心之中，他的学说风靡明代后期的学术界。明末，李贽激烈反对理学，并怀疑孔孟学说的价值，给沉闷的学术界吹拂了一阵清新之风。明清之际，随着社会的大变动，出现了黄宗羲、顾炎武、王夫之、颜元等卓越的思想家，他们趋向经世致用，反对

顾炎武(1613~1682)

明末清初思想家、史学家。江苏昆山人。原名绛，字忠清。明亡后，改名炎武，字宁人。提出“国家兴亡匹夫有责”的名言。在南明政权两次参加抗清斗争，并拒绝与清廷合作编修《明史》。顾炎武学识渊博，在经学、史学、小学、音韵、方志舆地、金石考古和诗文等方面都有较深造诣，而且强调经世致用，开启了一代朴实学风的先路，给清代学者以非常有益的影响。著有《日知录》、《音学五书》等近50种。

◇顾炎武像

专制政治，提倡唯物主义，思想界呈现活泼的生机。清朝统治逐步稳定后，对思想文化加强控制，大兴文字狱，学术研究转向脱离现实。对古代儒家经典的诠释、考证，在文字、音韵、辨伪、校勘方面取得很大成就，这就是乾嘉时期的汉学（见乾嘉学派）。其中，戴震坚持唯物主义思想，主张“人欲”的正当性，指责理学家以“理”杀人。

文字狱

明清时因文字犯禁或借文字罗织罪名清除异己而设置的刑狱。明初时，文字狱就已经成为朱元璋推行文化专制而采取的极端手段。清代文字狱，一般以康熙二年(1663)的“明史案”开始，到乾隆五十三年(1788)的贺世盛“笃国策案”为止。在康、雍、乾三朝的百余年间，文字狱达上百起之多，而且愈演愈烈。文字狱是巩固封建专制统治的政治措施，不仅助长了阿谀奉承、诬告陷害之风，而且极大地桎梏了学术思想的发展，造成了“万马齐喑”的严重后果。到乾隆末年，一方面清廷已经通过文字狱达到了预期目的，另一方面，当时潜在的社会危机日益加剧，社会问题远比反清思想更为严重，于是文字狱便趋于平息。

乾嘉学派

清代的学术流派，因其在乾隆、嘉庆两朝达到极盛，故名乾嘉学派。又称考据学派、汉学、朴学。戴震、钱大昕、段玉裁、王引之等是代表人物。乾嘉汉学家学风平实、严谨，不尚空谈，他们继承了古代经学家考据训诂的方法，加以条理发展，治学以经学为主，以汉儒经注为宗。清初的学术，以博大为特色，而乾嘉汉学则以专精而著名。乾嘉学派的学者，无论在经学、史学、文字、训诂、音韵，还是金石、地理、数学、天文、历法等方面，都取得了当时最好的成就。

戴震（1723~1777）

清代思想家、哲学家。字东原，安徽休宁人。进士出身，曾任纂修、翰林院庶吉士之职。戴震擅长考据、训诂、音韵，为清代考据学大师。对经学、语言学、哲学等均有重要贡献。一生著作很多，包括算学、天文、地理、声韵、训诂、哲学等多方面内容。

◇戴震像

冯梦龙（1574～1646）

明代通俗文学家，戏曲家。字犹龙，自号姑苏词奴。长洲（今江苏苏州）人。冯梦龙少年时博学多识，但是科举屡试不中，饱经民间疾苦。天启年间阉党横行，他发愤著书，完成“三言”（《喻世明言》、《警世通言》、《醒世恒言》）的编纂工作。晚年的冯梦龙继续从事小说创作和戏剧整理研究工作。清兵南下，他于顺治三年(1646)忧愤而死（另一种说法是被清兵所杀）。

◇金海陵纵欲亡身，冯梦龙《醒世恒言》第二十三卷插图。描绘了金朝第四位皇帝海陵王荒淫残暴的生活。

明清的戏曲、小说成就最为辉煌。明中叶以后，同时出现了以汤显祖《牡丹亭》为代表的一批优秀剧作，清初又有孔尚任的《桃花扇》，洪昇的《长生殿》。小说则有明后期吴承恩的《西游记》，写唐僧取经；《金瓶梅》写市井的世态风俗。还有冯梦龙编的《喻世明言》、《警世通言》、《醒世恒言》。清代蒲松龄的《聊斋志异》，以神鬼故事揭露社会病态;吴敬梓的《儒林外史》刻画了科举制度下的知识界；曹雪芹的《红楼梦》以一个大家族的盛衰反映了封建社会后期的种种矛盾。

在科学技术方面，明代李时珍的《本草纲目》、徐光启的《农政全书》、宋应星的《天工开物》、徐弘祖的《徐霞客游记》，以及清代编纂的《数理精蕴》和《行水金鉴》、绘制的《皇舆全图》，都是中国科技史宝库中的瑰宝。

《本草纲目》

中国古代药学史上内容最为丰富的药学巨著。明代李时珍撰成于1578年，初刊于1593年。《本草纲目》以药物的天然来源及属性为纲，将药物分为16部，同一部药物，又以相似的类别为目，分为60类目。每种药物分列释名、集解、正误、修治、气味、主治、发明、附方等项。全书共52卷，载药1892种（李氏新增药物374种）。附药物图1109幅，方剂11096首（其中8000余首是李氏自己收集和拟定的）。书中还有大量宝贵的医学史料，其中属于首次记录的治疗技术有蒸汽消毒法、冰块冷敷退热法以及辛烈香窜原料熏烟消毒法等。

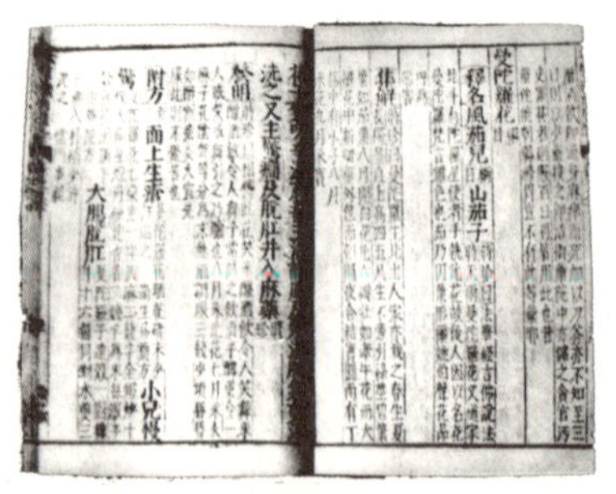

◇《本草纲目》书影

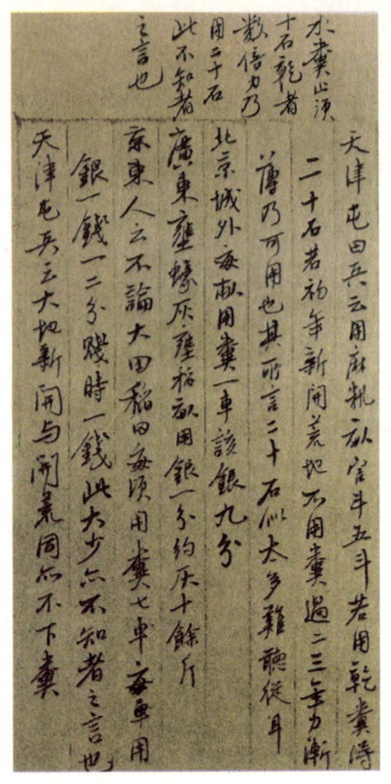

◇徐光启《农政全书》手稿

《农政全书》

明代大型综合性农书。徐光启于天启五年（1625）开始撰著，到逝世时完成初稿。后经陈子龙（卧子）修订，于崇祯十二年（1639）刊行。共60卷，约70万字，分农本、田制、农事、水利、农器、树艺、蚕桑、蚕桑广类、种植、牧养、制造和荒政等12门，每门又分若干个子目。全书内容虽然大量摘录前代农书和有关文献，但作者精心剪裁，取其精华，并且用夹注、旁注或评语等形式加入了自己的一些经验体会和精辟见解，使该书展现出了一个完整的农学体系。

《天工开物》

中国古代科学技术专著。明代科学家宋应星（1587～？，字长庚，江西奉新人）撰。初刊于明崇祯十年（1637）。共18卷，分为上中下3编，并附有121幅插图，描绘了130多项生产技术和工具的名称、形状、工序。上编记述了谷类和棉麻栽培、养蚕、缫丝、染料、食品加工、制盐、制糖等；中编包括制造砖瓦、陶瓷、钢铁器具和建造舟车、采炼石灰、煤炭、榨油、造纸等；下编包括五金开采及冶炼等。该书文字简洁，记述扼要，所记内容都是作者直接观察和研究所得来的，它全面系统地总结和记述了中国古代尤其是明代农业和手工业的生产技术和经验，是一部杰出的农艺学和工艺学文献。

◇《天工开物》插图

◇清代云南地图，出自《皇舆全图》。

《皇舆全图》

又名《皇舆全览图》，是清康熙四十七年(1708)至五十八年编制的全国地图。编制工作主要由西洋来华传教士承担。他们采用当时世界最先进的经纬度测绘法，先后在全国大部分地区进行了实地测绘。测绘完成后，交给法国传教士杜德美、白晋等人统一审校、缀合。全图比例尺约为一百四十万分之一，纵横各数丈，详细呈现了山川、府州县城及镇、堡等。《皇舆全图》是当时最详细的地图，开辟了中国近代地图的先河，也是研究中国清代康熙以来历史地理变化的重要资料。

明清（1840年前）的对外关系

明初，中国的航海业位于世界先进行列。三保太监郑和七次“下西洋”，到达东南亚、印度、阿拉伯以及东非各地，船队多达数十艘，大船可容千人。

明中叶，日本的一部分武士、浪人和中国沿海的富豪勾结，长期侵扰中国东南各省，被称为倭寇。名将戚继光、俞大猷等领导军民，战斗多年，方得平息。明万历中，日本丰臣秀吉进攻朝鲜，朝鲜国王向明廷求援，明廷发兵败日军于平壤，日军退出朝鲜。

16世纪初，葡萄牙人首先来到中国，以租借为名，占据澳门。此后，西班牙、荷兰、英国、法国接踵而来。明末，荷兰侵占台湾，17世纪中叶，郑成功率兵渡海，驱逐荷兰侵略者，夺回台湾。

◇油画《郑荷台海激战》，福建厦门市鼓浪屿郑成功纪念馆。

沙俄向东扩张，于明末清初跨越外兴安岭，达到黑龙江流域，清军和当地各族人民并肩抗击。康熙中，发生了雅克萨之战，俄军战败，沙皇遣使与中国谈判。康熙二十八年(1689)签订了中俄《尼布楚条约》，划定了中俄两国的东段边界。雍正五年(1727)又签订了中俄《布连斯奇条约》，划定了两国的中段边界线。

武士

武士是10~19世纪日本的一个社会阶级，一般指通晓武艺、以战斗为职业的军人。武士要不畏艰难，忠于职守，精干勇猛。但是这仅仅是理想化的准则，武士的忠诚和勇猛程度通常只是取决于他所效忠的领主对武士的奖赏。

◇1851年绘画。日本战国时代，武士冒着箭雨前进。

◇日本浮世绘《青楼女小紫与浪人平井权八》。

浪人

日本战国时代和德川时代没有主子的武士经常到处流浪，故名浪人。这种武士始终是制造混乱局面的罪魁祸首。明治维新后，浪人仍然横行一时。日本军部利用浪人作为侵略扩张的先锋。20世纪初，大陆浪人（又称支那浪人）或直接由日本外务省、军部派遣，或接受财阀、政客的资助，到中国搜集各种情报。他们平时在中国从事贸易活动，战时则参加侵略军，为日本侵华政策服务。

雅克萨之战

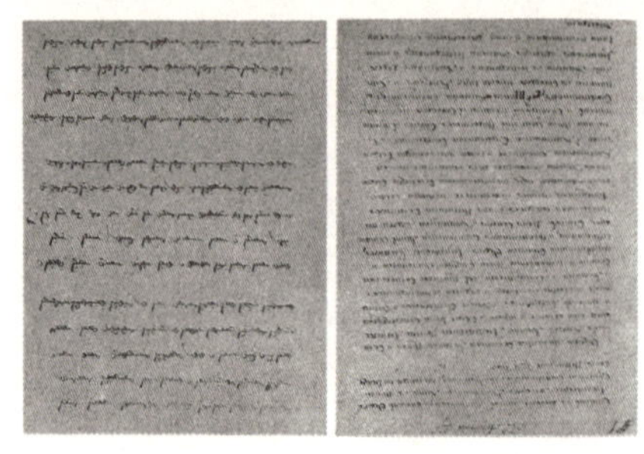

◇满文、俄文《尼布楚条约》

清康熙二十四年至二十六年(1685~1687)，中国军民驱逐沙俄侵略者，收复雅克萨的战争。雅克萨城位于今黑龙江省呼玛县西北黑龙江北岸，历史上属于中国。17世纪中叶，沙俄派兵侵占了雅克萨。康熙二十四年四月，都统彭春、副都统郎坦、黑龙江将军萨布素等率领水陆军约3000人，自黑龙江城（今爱辉）出发，五月二十日进围雅克萨。二十五日，郎坦下令在城下三面积柴，声言火攻。俄军统领托尔布津于是乞降，率600余人撤往尼布楚。同年冬，侵略者重占雅克萨，次年五月底，萨布素、郎坦等率军再围雅克萨。六月初开始攻城，鏖战四昼夜，击毙托尔布津，并在城外掘壕围困，截断城内水源。俄军困守孤城，势穷力竭。在沙皇政府的请求下，清军于二十六年夏撤围。

《尼布楚条约》

中俄两国缔结的第一个条约，正式名称是中俄《尼布楚议界条约》。雅克萨之战后，康熙二十八年七月二十四（1689年9月7日），清政府全权使臣索额图和沙俄全权使臣戈洛文在尼布楚（今俄罗斯涅尔琴斯克）签订条约，明确规定了中俄两国的东段边界，从法律上肯定了黑龙江、乌苏里江流域的广大地区是中国的领土，俄国将其侵占的一部分领土交还中国；与此同时，俄国通过条约将中国让予的贝加尔湖以东尼布楚一举纳入它的版图，将乌第河与外兴安岭之间的地方划为待议地区，并获得重大的通商利益。清政府作了一定让步，使中国东北边疆获得了比较长久的安宁。

◇17世纪尼布楚城的教堂。尼布楚明代归奴尔干都司管辖，1658年，沙俄侵占此地。

明清之际，西方许多耶稣会传教士来到中国，最著名的有利玛窦、汤若望、南怀仁等，他们在北京和各地建立教堂，传教宣道，同时带来了西方的科学知识。利玛窦曾和徐光启、李之藻等士大夫合作，汤若望、南怀仁则和顺治帝、康熙帝交往。但是西方文化并没有在中国扎下根。罗马教廷因礼仪问题，和清政府发生冲突，清政府禁止传教，并驱逐外国教士，活跃100多年的传教事业遂告衰歇。

利玛窦（1552~1610）

明代万历年间旅居中国的耶稣会传教士。意大利人。1582年到中国传教，向明神宗进呈自鸣钟、《万国图志》等物，颇受信任，后在北京病逝。利玛窦是第一位阅读中国文学作品并对中国典籍进行钻研的西方学者。除传播宗教教义外，他还广交中国官员和社会名流，一方面传播西方天文、数学、地理等科学技术知识，另一方面又向欧洲介绍中国，将其在中国的经历和见闻用意大利文记述下来，死后被译成拉丁文，1615年以《基督教远征中国史》为题在德国出版，对研究明代中西交通史、耶稣会士在华传教史和明朝后期历史，具有重要的史料价值。中译本名为《利玛窦中国札记》。

18世纪，英国垄断了对华贸易。当时，中国的对英贸易长期出超，茶叶、生丝、土布大批出口，而英国的机制纺织品遭到中国自然经济结构的抵制，难以打开市场。清政府将中外贸易限制于广州一口，外国商人来华贸易、交涉也必须通过行商作中介。英国先后派遣马戛尔尼使团和阿美士德使团来华，提出扩大通商，开放口岸的要求，清政府一概拒绝，中英在商务和政治上的矛盾日益尖锐。19世纪初，英国商人从印度贩运鸦片到中国，以抵消对华贸易的逆差，榨取中国财富。鸦片毒害中国人民。清政府三令五申禁止无效，不得不采取严格的禁烟行动。

◇英国画家威廉·亚历山大绘制的英使觐见皇帝场面。马戛尔尼和侍童斯当东单膝下跪呈送国书和接受皇帝赠品，不行三跪九叩礼。这是历史上著名的礼仪之争。

马戛尔尼使团

英国早期来华的官方代表团，由前驻俄公使、孟加拉总督马戛尔尼(1737～1806)任全权大使。1792年(清乾隆五十七年)9月，他率领由作家、科学家、医官及卫队等90人组成的使团，携带车船模型、天文仪器、纺织品和图画等600箱礼品，乘船自朴次茅斯港启程来华。马戛尔尼在承德避暑山庄万树园觐见乾隆帝，正式递交英王庆贺乾隆帝83岁寿辰的信函和国书，并参加万寿节活动。马戛尔尼多次想与乾隆皇帝讨论两国贸易和建交问题，均无结果。10月3日提出通商、泊船、减税等书面要求，乾隆帝以所请与“天朝体例”不合，一一驳回。马戛尔尼一行10月7日由运河南下杭州，然后改行陆路至广州离境，次年9月回到英国。

鸦片战争和太平天国起义

林则徐奉派为钦差大臣，前往广州禁烟。他雷厉风行地收缴和焚毁了大批鸦片，要求英商不得在中国贩运毒品。英国却以破坏商务为借口，武装入侵中国。道光二十年(1840)，英舰攻陷浙江定海，驶抵大沽口。清廷在威迫下发

◇1839年停泊在广东伶仃洋的英国鸦片趸船

生动摇，将林则徐革职，派琦善赴广州谈判。琦善接受割地赔款的屈辱条件。清政府又不甘心不战而降，撤换了琦善，调集军队在广州、浙江两地和英军作战。广州三元里人民曾有力地打击英国侵略军（见三元里抗英斗争）。而清军纪律废弛，指挥混乱，两战均告失败。英军入长江，兵临南京城下。清廷被迫议和。道光二十二年签订中英《南京条约》，规定赔款，割香港，开放五口通商，协商议定税则等。第一次鸦片战争是中国历史的重要转折点，从此，独立的封建的中国逐步沦为半殖民地半封建社会。

◇罂粟原产小亚细亚、印度和伊朗。其果实中有乳汁，割取干燥后就是“鸦片”。长期服用容易成瘾，人会慢性中毒，严重危害身体。

三元里抗英斗争

鸦片战争时期中国广州人民自发进行的武装抗英斗争。1841年5月25日(道光二十一年四月初五)，英军攻陷广州城北的炮台，不断窜扰西北郊三元里等村庄，烧杀抢掠，奸淫妇女，各地团练共图抵抗。29日，三元里村民击退来犯小股英军。次日，番禺、南海百余村团练手持戈矛犁锄围困驻有英军的永康台。相持近半日，英军司令卧乌古(郭富)亲自带兵出击。团练且战且退，诱敌至牛栏冈丘陵地带。当时大雨骤至，英军火枪受潮不能发射，团练民众冒雨反击，将英军分割包围，双方展开肉搏鏖战。英军一个连队几遭全歼，其余逃回炮台。31日围台民众增至数万，相约饿死英军。卧乌古不敢再战，转而威胁官府，广州知府余保纯率番禺、南海两县令向团练施压，围台团练才逐渐散去。

◇三元里人民抗英令旗“三星旗”

《南京条约》

清政府与英国政府签订的结束鸦片战争的条约。又称《江宁条约》。道光二十二年七月二十四日（1842年8月29日），由清钦差大臣耆英与英国政府全权公使H.璞鼎查在南京签订。条约共13款。后又在虎门签订《虎门条约》，使英国取得了领事裁判权和片面最惠国待遇等特权。《南京条约》签订后，美国和法国趁火打劫，于1844年分别强迫清政府订立了《望厦条约》和《黄埔条约》。上述条约成为中国近代史上外国侵略者强迫清政府订立的第一批不平等条约。从此，中国由一个封建社会逐步变为半殖民地半封建的社会。

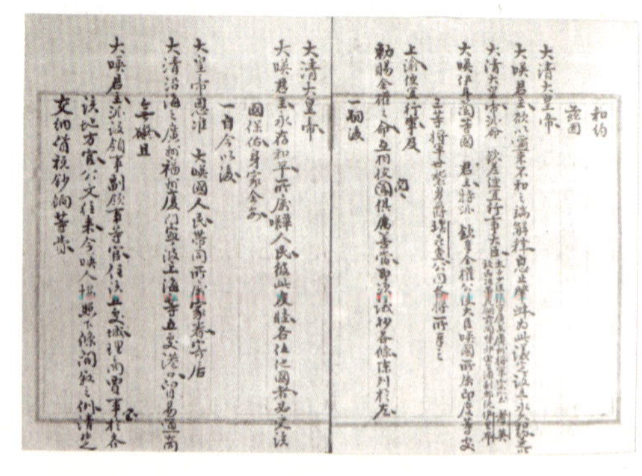

◇中英《南京条约》文本

◇圆明园遗址

此后，外国为扩大侵略权利，于咸丰六年(1856)发动第二次鸦片战争。英法各以借口，联合派兵，占领广州，又北上至天津，胁迫清廷签订《天津条约》，清廷丧失了许多主权。第二年，英法公使为交换条约前往北京，竟带军队向清军驻防地区挑衅，遭到中国军队的还击。英法又以此为借口，大举进攻，于咸丰十年攻陷北京，清帝逃往热河。英法联军烧杀抢劫，焚毁了建筑宏丽、藏有大批文物珍宝的圆明园。清政府被迫接受《北京条约》。

《北京条约》签订后，咸丰帝病死热河，六岁的同治继位，其生母慈禧太后与恭亲王奕䜣密谋，于回銮北京时发动政变，处死辅政王大臣载垣、端华、肃顺等。慈禧太后垂帘听政。从此，她总揽大权，将近半个世纪之久。

在两次鸦片战争之间，以洪秀全为首的太平天国农民战争爆发了。洪秀全接受了外国基督教的某些思想，劝人信拜上帝，宣传朴素的平等观念，在广西桂平紫荆山区传教，赢得大

《天津条约》

第二次鸦片战争期间，清政府与英、法、俄、美签订的一系列不平等条约。1858年（咸丰八年）5月，英法联军侵入天津，并扬言进攻北京。清政府派大学士桂良、吏部尚书花沙纳为钦差大臣，赴天津议和。于6月26日、27日分别与英、法订立中英、中法《天津条约》。此前，俄、美公使利用“调停人”身份，分别于6月13日、18日与清政府签订了中俄《天津条约》、中美《天津条约》。这些条约的主要内容是允许公使常驻北京、开放更多的通商口岸、允许外国传教士内地自由传教等。

◇签署《天津条约》时的情形。

《北京条约》

清政府与英、法、俄在北京签订的结束第二次鸦片战争的条约。1860年10月24日、25日，恭亲王奕䜣分别与英国政府全权代表J.B.额尔金、法国政府全权代表J.B.L.葛罗签订中英、中法《北京条约》。主要内容有：①开天津为商埠。②准许英、法招募华工出国。③割让九龙司给英国。④退还以前没收的天主教资产。法方还擅自在中文约本上增加：“并任法国传教士在各省租买田地，建造自便。”⑤赔偿英、法军费各增至800万两，同时赔偿英国恤金50万两，法国20万两。俄国自以调停有功，逼迫奕䜣于11月14日订立了中俄《北京条约》，割占乌苏里江以东约40万平方千米的中国领土，并为进一步掠夺中国西部领土制造条约根据。《北京条约》的签订，不仅使外国资本主义的侵略势力由东南沿海进入中国内地，而且使中国社会进一步半殖民地化。

批农民信徒，形成了包括洪秀全、杨秀清、冯云山、萧朝贵、韦昌辉、石达开等的领导集团。拜上帝会与地主、官府冲突，于道光三十年(1850)底在桂平金田村起义抗清，建国号太平天国，尊洪秀全为天王。太平军击破清军阻拦，自广西北上，经湖南、湖北、江西、安徽，定都南京，并改名天京。太平天国颁布《天朝田亩制度》，规定将土地分配给农民，建立兵农合一的社会组织和守土乡官制，企图达到平均主义的理想社会。同时，分兵北伐、西征。北伐军到达直隶，遭清军阻击而失败；西征军遇到了曾国藩组建的湘军的顽抗。这时天京发生内讧，先是洪秀全与杨秀清不相容，韦昌辉利用洪杨矛盾，举兵杀杨。不久，洪秀全又杀韦昌辉。石达开奉调回京辅政，因遭猜忌，又领兵出走。这次内讧使太平天国元气大伤。幸赖青年

◇铜版画。洪秀全与随从在天京。这是西方人描绘太平天国领袖最为清晰完整的图画。1864年法国画刊Le Monde Illustré刊载。

《天朝田亩制度》

太平天国定都天京（今江苏南京）后，于1853年颁布的以解决土地问题为中心的全面的农民革命斗争纲领和社会改革方案。它提出“凡天下田，天下人同耕”的原则，决心建立“有田同耕，有饭同食，有衣同穿，有钱同使，无处不均匀，无人不饱暖”的人间天国。它还规定“天下人人不受私，物物归上主”，表明农民群众不仅要废除封建制度，而且幻想在维护小农经济的基础上，消灭剥削和贫困。它规定按人口平均分配土地，表达了几千年来中国农民希望拥有土地的强烈愿望。

捻军

◇镇压捻军的重要将领——曾国藩

太平天国时期北方的农民起义军。源于捻子（一称捻党）。捻为淮北方言，意即一股一伙。捻子是民间秘密组织，成员主要为农民和手工业者。1853年（咸丰三年），捻子在太平天国影响下发动大规模起义，称捻军。太平天国失败后，太平军余部与捻军成立联军，赖文光被推为首领。联军改步兵为骑兵，在豫、鲁、苏之间活动。1865年5月在山东曹州（今山东菏泽）高楼寨击毙僧格林沁。清政府先后派曾国藩、李鸿章督湘军、淮军镇压捻军。1866年10月起，联军分为东西两军，赖文光继续在中原地区活动，为东捻军；张宗禹进入陕西联络回民起义，为西捻军。1868年，西捻被左宗棠平定，东捻被李鸿章所灭。

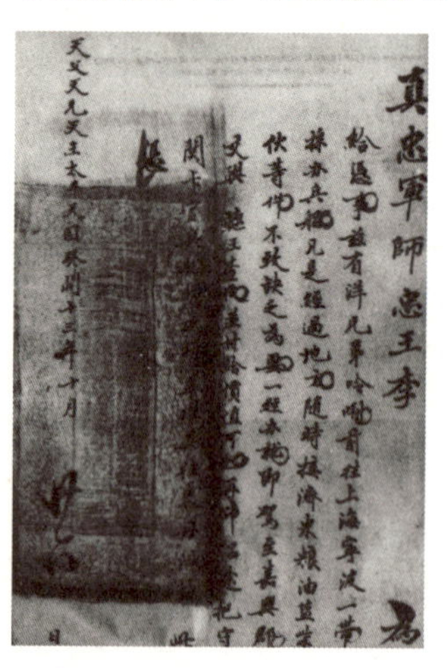

真忠軍師忠王李

◇1863年，太平天国忠王李秀成发的去上海、宁波采办兵船的路凭。

将领陈玉成、李秀成等与捻军、天地会配合作战，才渡过难关，支撑住危局。太平天国后期，在军事上取得了若干胜利，打破了清军的江南和江北大营，取得了苏州、杭州。但曾国藩、李鸿章、左宗棠的湘军、淮军从四面八方进攻，成为太平军的劲敌。外国侵略者在第二次鸦片战争后，和清政府勾结，枪口转向太平军。太平军内部则队伍散漫，纪律废弛，刑赏不公，战斗屡次失利。咸丰十一年(1861)，安庆失守，太平天国在政治上和军事上日益被动。同治三年(1864)，洪秀全逝世，清军攻破天京，幼天王和李秀成突围，先后被俘，坚持14年之久的太平天国农民战争遂告失败。

天地会

清代秘密结社，又名洪帮、洪门。成员最初大多是农民或由破产农民转化而成的小商贩、小手工业者、水陆交通沿线的运输工人及其他没有固定职业的江湖流浪者。以后成分日益复杂，但主体始终是下层穷苦人民。天地会没有明确的政治目的与政治纲领，反清复明、劫富济贫、顺天行道等口号，反映了封建农民的忠君思想、以汉族为正统的民族观念和反对阶级压迫的要求。鸦片战争后又出现了哥老会等大量分支，各地山堂林立，是当时天地会一大特点。进入民国之后，国内的天地会组织大多成为黑帮，而海外的洪门则大多继续作为团结华侨的纽带而存在，只有少数成了黑社会组织。

◇图为福康安攻占台湾嘉义斗六门。乾隆五十一年（1786）十一月，天地会台湾首领林爽文率众起义，清军连败，后福康安入台，林爽文兵败被杀。乾隆为表彰坚守诸罗县城的军民，改诸罗为嘉义。

◇清末年画《曾国藩庆贺太平宴》。正中榻上坐着李鸿章（左）和曾国藩（右），左边从左至右依次为左宗棠、骆秉章，右边坐着彭玉麟、曾国荃等湘军统帅。

湘军

或称湘勇，是晚清时对湖南地方军队的称呼。太平天国运动兴起后，八旗军和绿营无法抵御，不得不利用地方武装，湘军就是在这时发展起来的。湘军的创始者是曾国藩，他将湖南各地团练整合成湘军。虽然清政府对地方汉族武装不信任，但又不得不倚重湘军。湘军参与镇压了太平天国，还参与镇压了各地的其他起义，挽救了清王朝，湘军将领及其幕僚也顺势成为当时中国政治、军事舞台的主角。整个湘军系统中位至总督的15人，位至巡抚的14人，其他大小文武官员不胜其数。

◇李鸿章（1823~1901），晚清军政重臣，洋务派运动的主要倡导者之一，淮军的创始人和统帅。字少荃，安徽合肥人。

淮军

晚清在曾国藩指使下由李鸿章招募淮勇编练的一支军队。1861年（咸丰十一年），太平天国向上海进军，两江总督曾国藩命李鸿章招募淮勇，于1862年3月（同治元年二月）在安庆编成一军，称“淮勇”或“淮军”。在镇压太平军之后，淮军继续作为清军主力与捻军作战。李鸿章以淮军势力为基础，掌握了国家外交、军事和经济大权，成为晚清政局中的重要人物。淮军将领刘铭传、丁汝昌、叶志超、聂士成等成为淮系军阀，形成了统治阶层中又一个重要的武装政治集团。

列强对中国边疆的侵略

沙皇俄国对中国的边疆觊觎已久。在第二次鸦片战争期间，它派军队沿黑龙江而下，迫使清政府于咸丰八年（1858）和十年签订了《瑷珲条约》、《北京条约》，侵吞了中国黑龙江以北和乌苏里江以东的大片领土。俄国在勘分中俄西段边界时，又夺取了巴尔喀什湖以东大片地区。当浩罕国的阿古柏侵入喀什噶尔时，俄国也趁机占领伊犁。清廷派左宗棠率兵出关，打败阿古柏政权，收复了大片领土。以后，清廷遣使与俄多次交涉，虽然收复了伊犁，仍丧失了不少领土和主权。

英国以缅甸为基地，侵入云南。其译员马嘉理在云南被杀，英国借机讹诈，强迫清政府签订《烟台条约》。不久又武装入侵西藏，遭到西藏军民的抗击。日本也效法西方殖民主义的行径，一度入侵台湾，勒索赔款。清政府为加强西部边疆和东面海疆的管辖，将新疆和台湾建为行省。

◇上海英美公共租界

列强还通过驻京外国使节、军事顾问、海关税务司加强对清政府的影响。清廷设立总理各国事务衙门及南北洋大臣，和外国打交道。在列强的影响、扶助下，清政府内形成了以奕䜣和李鸿章、张之洞为代表的洋务派，他们主张引进西方的枪炮、机器、科学技术以支撑摇摇欲坠的清朝统治，创办了中国最早的工厂、矿山、轮船、电报、铁路事业;主持了对外国的谈判;并用购买和制造的枪炮船舰装备军队，创立了北洋舰队和闽江舰队（见洋务运动）。

◇总理各国事务衙门

总理各国事务衙门

初称总理各国通商事务衙门，简称总理衙门、总署或译署。是晚清主管外交事务、派出驻外国使节，并兼管通商、海防、关税、路矿、邮电、军工、同文馆、派遣留学生等事务的中央机构。咸丰十年(1860)清政府与英、法等国签订《北京条约》后，外交事务增多。次年1月，恭亲王奕䜣、大学士桂良、户部左侍郎文祥奏请在京师设立总理各国事务衙门，接管原本由礼部和理藩院执掌的对外事务。经咸丰帝批准，于同治元年二月（1862年3月）成立。光绪二十六年（1900）北京被八国联军攻占，次年清政府与列强签订《辛丑条约》，并依照条约内容，将总理衙门改为外务部，列为六部之首。

洋务运动

◇按照“洋法”操练军队

洋务运动旧称“同光新政”。1860年后，在中外反动派联合镇压太平天国革命的过程中，清朝封建统治集团内部逐渐形成了一批具有买办性的官僚军阀。他们认为清政府与外国侵略者的矛盾可以调解和妥协，而且还可以采用一些资本主义生产技术，以维护摇摇欲坠的封建统治。这部分官僚和军阀就是当时清政府内当权的洋务派，他们在19世纪60~90年代所从事的洋务，史称洋务运动。所谓“洋务”，是指外事交涉、订条约、派遣留学生、购买洋枪洋炮，以及按照“洋法”操练军队、学习外洋科学、使用机器、开矿办厂等对外关系及与外洋往来的一切事情。

北洋舰队

清朝后期建立的第一支近代化海军舰队，由直隶总督、北洋大臣李鸿章1875年创设。1875年起，李鸿章通过英、德船厂订造军舰。1881年，先后选定在旅顺和威海两地修建海军基地。1885年，海军衙门成立，淮军将领丁汝昌为海军提督。1888年12月17日，北洋水师正式宣告成立，拥有“定远”等主力舰8艘，称“八大远”。从此，近代中国拥有了在当时居世界第六、亚洲第一的海军舰队。1888年以后，舰队经费大幅减少。在1894~1895年的中日甲午战争中全军覆没。

◇北洋舰队威海卫基地

光绪九年(1883)爆发了援越抗法战争。法国侵略越南，并以此作为入侵中国西南的跳板。越南求援于清朝，驻越南的刘永福黑旗军英勇抗击法军，国内清军也进入越北，阻挡法军推进。法舰侵扰台湾，又入闽江，发动突然袭击，将中国的闽江舰队全部击沉。法国陆军进攻中国边防要隘广西镇南关，老将冯子材奋勇抗敌，大败法军。军事形势虽已转为有利，清政府仍接受屈辱条件，停战议和，缔结了不平等的《中法新约》。

◇中法战争中，刘永福率黑旗军、岑毓英率云南军共同抵御法国军队。

黑旗军

19世纪末的一支中国地方武装，以七星黑旗为战旗，故得名“黑旗军”。黑旗军的前期主要军事行动为反抗清朝统治。1867年清军的进攻迫使黑旗军进驻保胜（今越南老街）。中法战争爆发后，黑旗军在抗击法国侵略越南的战斗中多次取得胜利，将领刘永福（1837~1917）曾被越南国王授予三宣副提督之职。刘永福协同冯子材的部队，从根本上扭转了战争形势，使挑起战争的法国茹费理内阁倒台。黑旗军返回中国后被清廷强令缩编直至解散。甲午战争中黑旗军奉命重建，仍由刘永福率领，进驻台湾岛。后日军侵台，受战局所困，黑旗军将士大多战死。

新经济、新阶级、新思想

19世纪下半期，中国对外贸易迅速增长。中国主要出口丝茶，进口棉纱、棉布，外贸连年入超。纱布和其他商品大量输入，严重地打击了中国的手工业和家庭副业，剥夺了农民手工业者的生计，同时也刺激了中国商品经济的发展，造成劳动力市场和商品市场。中国资本主义经济开始产生并初步发展。清政府引进外国的机器、技术，建立一批军事工业，如江南制造总局、福建船政局、天津机器局等，这是封建政府的官办企业，也是中国人自己创办的最早的近代工厂。稍后，航运、采矿、纺织等行业中出现了官督商办企业、官商合办企业，如上海轮船招商局、直隶开平煤矿、上海织布局等。这些企业以营利为目的，在企业性质、经营方式上有了进步，但官和商的势力在一个企业中并存，必然发生矛盾，使企业不能正常发展。纯粹商办企业最初在缫丝、制茶、碾米等行业中出现，后来推广到纺织、开矿等方面，但规模较小，资本不足，技术落后，发展缓慢。

◇金陵机器局，1865年李鸿章创办的军工厂。

中国最早的近代企业形式

官办企业

19世纪60年代以后，由清政府指派官员、筹拨创办费和常年经费，雇佣工人使用机器或机械动力进行生产的企业。在官办企业中，军事工业占很大比重，民用企业只占很小的一部分。1865年，清政府在上海创建了江南制造总局，此为第一个官办军事企业。到1911年，全国范围共创建26个军事企业。其中最大的四家是江南制造总局、金陵制造局、天津机器局和福州船政局。70年代以后，各省督抚为强化地方军事力量，在清中央政府的准许下，动用地方经费在本省辖区设立制造局(或称机器局)。它们大都是中小型的企业，以制造枪、炮、弹药为主要业务。官办军事企业的产品属于非商品生产，其产品不投入交换。它的兴办、扩充或闭歇，经费来源，产品分配以及主持人的任命和变动都由清政府决定。

官督商办企业

19世纪70年代以后，清政府洋务派官僚委派商人招徕民间资金，雇佣工人使用机器或机械动力经营的民用企业。在初创时往往由官方垫借部分官款，在开办后视经营状况，陆续归还官款的本息。官督商办企业体现了封建主义和资本主义在一定历史条件下的特殊结合，是洋务派经营的近代民用企业中的最主要形式。其承办人有买办、商人及退职的官员，大多与“官”具有直接或间接的联系，一旦受委派，都取得了半官半商的身份。官督商办的大型民用企业主要有轮船招商局(1872)、开平矿务局(1877)、中国电报局(1882)、上海机器织布局(1890)和汉阳铁厂(1890年官办，1896年改为官督商办)等。

商办企业

19世纪60年代后半期在中国出现的完全由私人出资创办、雇佣工人、使用机器生产的中小型企业。上海的发昌机器厂是在1866年后雇佣工人、学徒，添置简单车床，从修配作坊逐步发展成能自造小车床的一家商办企业。到中日甲午战争前，上海还有建昌铜铁机器厂等10余家工厂，这些工厂都是设备简单、规模狭小，资本仅在500元左右的商办企业。

◇1894年建成的汉阳铁厂

随着资本主义经济的产生，中国社会的阶级构成也发生了变化。一部分商人、地主、官僚投资于近代工业，开始向资产阶级转化。他们既保持着浓厚的封建性和买办性，又为了自己的生存和发展与帝国主义、封建主义存在着矛盾。中国的无产阶级最早出现在外国人开办的工厂中，以后随着近代工业的发展，力量日益壮大。在清朝灭亡以前，中国无产阶级追随资产阶级参加革命，还没有独立地登上历史舞台，但已开展了许多次罢工斗争。

◇清末，上海买办们的一次聚会。

买办

受雇于外商并协助其在中国进行贸易活动的中间人和经理人。鸦片战争前，在广州经理对外贸易的公行中就已设置买办为外商服务。买办最初有两类：一类是专为外商船只采买物料及食品的商船买办；一类是在外商商馆中代外商管理总务及现金的商馆买办。买办职位受到清政府的严格控制，中国人不得随便充当，外商也不能任意选雇。为打破这一限制，1844年中美《望厦条约》规定，雇佣跟随买办及延请通事等项，由外商与中国人自行协议，中国地方官不得干预。从此买办的身份与性质完全听从外商主东的决定。

中国的思想界也相应地发生了变化。鸦片战争以后，林则徐、魏源等人开始睁眼看世界，主张了解外国，仿造船炮机器，“师夷之长技以制夷”。此后，要求学习外国，进行变革的思潮日益发展，薛福成、马建忠、王韬、郑观应等大力提倡开工厂、筑铁路、办学校、译书籍，要求发展经济，增加出口，以及改善君主官僚和绅商民众的关系。有的还提出了立宪、议院的主张，为以后的维新运动作了思想准备。

魏源（1794~1857）

晚清思想家。原名远达，字默深。湖南邵阳隆回人。魏源以天下为己任，讲求经世之学，力图以此谋求国富民强，从而成为晚清学术的开风气者。鸦片战争爆发后，魏源一度应钦差大臣裕谦之邀入浙江参赞军务。兵败后又遵友人林则徐的嘱托，据林所主持译编的《四洲志》，参以历代史志及两人记录，辑为《海国图志》。《海国图志》率先介绍西方各国历史地理状况，主张学习西方的先进科学技术，提出“师夷长技以制夷”的主张。因此魏源也成为了中国近代向西方寻求救国真理的先行者之一。晚年信佛教。咸丰七年（1857）三月，在杭州僧舍病故。有经学、史学、文学、佛学著作多种存世，

皇朝經世文編

◇《皇朝经世文编》，是魏源编著的一部关于经世致用思想的“大百科”，分为学术、治体、吏政、户政、礼政、兵政、刑政、工政8个门类，共收入640余人的2236篇文章。

帝国主义瓜分中国的危机

光绪二十年(1894)，朝鲜发生东学党起义，清政府应朝鲜之请，派兵入朝。羽翼渐丰的日本早已觊觎朝鲜并企图向中国挑衅，把这看成是发动侵略战争的好机会，立即派兵到朝鲜，与清军对垒。在两国并未宣战的情况下，日舰击沉了中国运送军队的商轮，迫使清军应战。清军在平壤设防，在日军的攻击下失败，退过鸭绿江。日军踏上了中国的土地，占领辽东，攻陷旅顺、大连。北洋舰队被日舰邀击于黄海，多艘舰船被击沉，日舰也受到较大的打击。中国舰队退守威海卫。日本海陆军封锁海面并在山东登陆，中国舰船被困在军港内，遭到海陆两路炮轰，势穷力竭，全军覆没。

◇甲午战争中的威海卫海战图

慈禧太后和李鸿章始终抱对日妥协方针，乞求列强调停。在海陆军战败后，由美国干预，李鸿章赴日本求和，签订《马关条约》，赔款银2亿两，割让台湾，并允许外国人在华投资设厂。

◇1895年，中日签订《马关条约》。

《马关条约》

光绪二十一年三月二十三日（1894年4月17日），清政府和日本政府在日本马关（今下关市）签署了《马关条约》，共11款，并附“另约”和“议订专条”。清朝代表是李鸿章和李经芳，日本代表为伊藤博文和陆奥宗光。条约主要内容：①中国承认朝鲜“完全无缺之独立自主”；②中国将辽东半岛、台湾岛及所有附属各岛屿、澎湖列岛割让给日本；③中国“赔偿”日本军费库平银2亿两；④开放沙市、重庆、苏州、杭州四地为通商口岸，日本政府派遣领事官在以上各口岸驻扎；⑤日本臣民在中国通商口岸城市任便从事各项工艺制造，各项机器任便装运进口，其产品免征一切杂税，享有在内地设栈存货的便利；⑥日本军队暂行占领威海卫，由中国政府每年付占领费库平银50万两，在未交清末次赔款之前日本不撤退占领军……

《马关条约》的签订在国内引起强烈反响。许多主战派官吏要求停止谈判，继续抵抗。康有为集合在北京会试的举人，向光绪帝（清德宗载湉）上书，提出“拒和、迁都、练兵、变法”，形成浩大的政治运动（见公车上书）。这时，孙中山组织了兴中会，提出“驱逐鞑虏，恢复中华，建立合众政府”，并筹划在广州起义，因事机泄露而失败。台湾军民不愿脱离祖国，奋起反对日本占领军，在饷械俱缺，与祖国联系隔绝的艰苦条件下，进行了壮烈抵抗。

公车上书

清光绪二十一年（1895），康有为率梁启超等数千名赴京应试的举人联名上书光绪皇帝，反对《马关条约》，并提出了四项解决办法：第一，下诏鼓天下之气；第二，迁都定天下之本；第三，练兵强天下之势；第四，变法成天下之治。也就是拒和、迁都、练兵、变法，前三项只是权宜应敌之策，第四项才是立国自强的根本大计。“公车上书”标志着酝酿多年的资产阶级维新变法思潮已发展为爱国救亡的政治活动，对社会的震动和影响很大，康有为从此成为了维新运动的领袖。

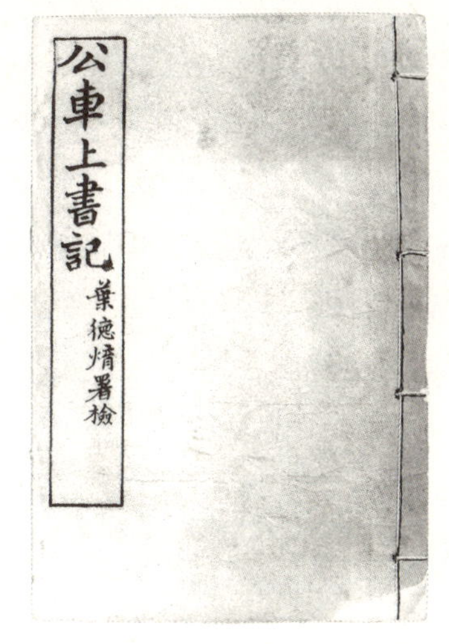

◇1895年刊行的《公车上书记》,记述了康有为等人上书请愿的活动。

兴中会

由孙中山领导的兴中会是近代中国第一个资产阶级革命团体。1894年11月24日成立于美国檀香山。兴中会的宗旨是“驱除鞑虏，恢复中华，创立合众政府”。1895年2月21日，兴中会与杨衢云的香港辅仁文社合并，并在香港成立兴中会总会。10月10日总会决定在广州举行起义。广州起义失败后，陆皓东被清廷杀害。1900年1月，杨衢云辞去兴中会会长职务。到1905年与华兴会、光复会合并为同盟会之前，兴中会曾多次发动起义，均以失败告终。

◇1894年，以孙中山为首的兴中会在檀香山成立。

战后，清政府无力支付战争赔款，只得向帝国主义列强大量借款，以关税、盐厘作为抵押品。李鸿章赴俄京祝贺沙皇加冕，俄国诱使他缔结《中俄密约》，取得在中国东北修筑铁路的特权。各国纷纷效尤，强迫清政府接受多次铁路借款，夺取了中国津镇路（后改津浦）、卢汉路（即京汉路）、粤汉路和关内外铁路（即京沈路）的修筑权。帝国主义还垂涎中国矿产资源，纷纷成立公司，攫取各省的采矿权。

◇海参崴的老火车头

《中俄密约》

俄国与中国清政府订立的秘密条约。光绪二十二年四月二十二日（1896年6月3日）沙俄利用中国在甲午战争中战败的困境，借口“共同防御”日本，诱迫清政府在莫斯科签订《御敌互相援助条约》，又称《防御同盟条约》，一般称为《中俄密约》。主要内容有：①日本如侵占俄国远东或中国以及朝鲜土地，中俄两国应以全部海、陆军互相援助。②非两国共商，缔约国一方不得单独与敌方议和。③开战时，中国所有口岸均准俄国兵船驶入。④为使俄国便于运输部队，中国允许在黑龙江、吉林地方接造铁路，以达海参崴，该事交由华俄道胜银行承办经理。⑤无论战时或平时，俄国都可通过该路运送军队军需品。⑥此约自铁路合同批准日起，有效期15年。根据密约第4条，同年9月8日由中国驻德、俄公使许景澄与华俄道胜银行代表在柏林签订了《中俄合办东省铁路公司合同章程》。合同规定成立中国东省铁路公司，其章程照俄国铁路公司成规办理。至此，俄国获得了使西伯利亚大铁路穿过中国领土直达海参崴的特权。

光绪二十三年，德国借口传教士被杀，派军舰占领胶州湾，租借青岛，把山东作为其势力范围；随后，俄国军舰强占旅顺、大连，把东北作为其势力范围；法国要求租借广州湾，把两广、云南作为其势力范围；英国除视长江流域为其势力范围外，又租借威海卫与九龙;日本则把福建作为其势力范围。帝国主义争夺势力范围，中国面临被瓜分的危险。美国为了与列强共享利益，提出“门户开放政策”，要求插足于列强的势力范围内。

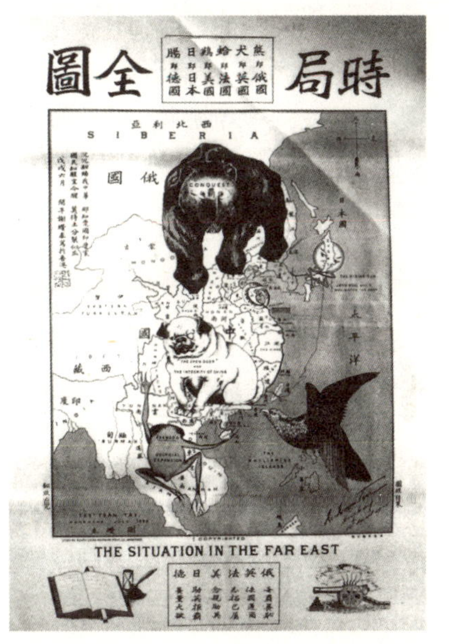

◇1898年6月，旅港革命党人谢缵泰绘的《时局全图》。后期有人对其进行修订并完善成我们通常所见到的《时局图》。

门户开放政策

19世纪末美国国务卿约翰·海伊提出的侵略中国的政策。在中日甲午战争后出现的瓜分中国狂潮中，西方列强竞相在中国租借土地，划分势力范围。约翰·海伊于1899年9月照会英、德、俄、日、意、法各国，提出美国将对中国实行“门户开放”政策，即承认各国在中国的“势力范围”、租借地和既得利益，各国所属口岸和铁路对一切船只货物通用现行中国约定关税率，并按同一标准收取路费。1900年7月3日约翰·海伊再次照会各国，主张保持中国领土和行政的完整，维护各国在中国各地平等公正贸易的原则。这一政策的实质，是把最初的开放“势力范围”和租借地的政策应用到整个中国，形成整个中国的“门户开放”。“门户开放”政策的提出，标志着美国一改追随英国侵略中国的做法，提出独立的侵华政策。从一定意义上说，这是1844年中美《望厦条约》规定的“利益均沾”原则在帝国主义时代的新发展。

戊戌变法　义和团运动

在帝国主义瓜分危机的刺激下，以康有为、梁启超、严复、谭嗣同等为代表的知识分子大声疾呼，要求变法自强，挽救危亡。他们主张学习外国，把西方的政治社会学说介绍到中国来，猛烈抨击中国的专制统治、科举八股、纲常伦理。各地纷纷成立学会，开办学堂，出版报纸，响应变法。光绪帝采用他们的主张，于光绪二十四年(1898)四月，下诏宣布变法。康有为等建议发展农工商业，提倡私人设厂，奖励发明创造，改革军事和财政制度，精简机构，裁汰冗员，废除八股，创办京师大学堂，翻译西书，选派留学生等。这些有利于资本主义发展的主张，遭到顽固派的反对。八月慈禧太后发动政变，囚禁光绪帝，康、梁逃往日本，谭嗣同、刘光第、林旭、杨锐、康广仁、杨深秀被杀，历时103天的戊戌变法遂告失败。

京师大学堂

中国近代最早的国立大学，清光绪二十四年(1898)创立，是戊戌变法的“新政”措施之一。京师大学堂既是全国最高学府，又是国家最高教育行政机关，统辖各省学堂。百日维新失败后，大学堂得以保留。1900年八国联军侵华期间，大学堂停办，1902年恢复。吏部尚书张百熙任管学大臣，请吴汝纶和辜鸿铭任正副总教习，聘请两大翻译家严复和林纾分任大学堂译书局总办和副总办。不久，创办于1862年洋务运动期间的京师同文馆并入大学堂，各方面事务开始步入正轨。

大学堂首先举办速成科和预备科，其中速成科又分仕学馆和师范馆，后者是今天北京师范大学的前身。1904年，京师大学堂选派首批47名学生出国留学，这是中国高校派遣留学生的开始。1910年京师大学堂开办分科大学，辛亥革命后更名为北京大学。

◇京师大学堂匾额

义和团

义和团原称义和拳，是长期流行于山东、直隶（约今河北）等地的许多民间秘密结社中的一种。虽然这个秘密结社重在“拳”而不在“教”，但清政府历来把它当做“拳教”加以查禁。甲午战争后，德国占领胶州湾，强划山东全省为其势力范围；外国教会也在山东扩展势力，纵容和包庇不法“教民”（即中国教徒）。这激起了群众对教会的不满，各地反教斗争接踵而起，义和拳成为反对外国侵略势力的重要组织形式。这种情况下，当地传教士要求清政府严加镇压，山东巡抚张汝梅则建议清政府改义和拳为团练，以便控制。清政府随后将义和拳改名为义和团，义和团也提出了“扶清灭洋”的口号，发动了反帝爱国的义和团运动。

◇义和团令字旗

戊戌运动刚刚被镇压，以农民为主体并有城市人民参加的义和团反帝爱国运动相继展开了。义和团起于山东北部，利用宗教迷信和武术发动群众，笼统排外，提出“扶清灭洋”的口号。他们被山东地方当局镇压，向直隶发展，渗入天津、北京。部分官僚力图操纵他们。为了镇压义和团，英、法、俄、日、德、美、意、奥八国组成联军从大沽口登陆，进攻天津、北京。义和团和爱国的清朝官兵抵挡不住八国联军的攻势。光绪二十六年七月，联军攻占北京，慈禧太后带着光绪帝逃奔西安。八国联军在北京及周围地区烧杀抢劫，沙俄则乘机屠杀黑龙江以东的数万中国居民，并占领中国的东北。清廷派李鸿章、奕劻乞和，签订《辛丑条约》，赔款银4.5亿两，允许各国在北京附近驻兵，禁止中国人民进行反帝活动。此后，侵华各帝国主义国家间的矛盾更加激化。俄国和日本在中国的土地上发生了一场大战，英俄对西藏也展开了争夺。

◇1900年，八国联军进入北京城。

八国联军

八国联军是指1900年侵入中国的英国、法国、德国、俄国、美国、日本、意大利、奥匈帝国八国联合军队。开始时总人数约3万人，后来增至约5万人。八国以日军人数最多，派遣士兵23000人，陆战队540人，总人数为23540人；奥匈帝国派遣的人数最少，只是象征性派遣75人。联军占领北京后烧杀抢掠，八国联军总司令瓦德西供认，“所有中国此次所受毁损及抢劫之损失，其详数将永远不能查出，但为数必极重大无疑”。

《辛丑条约》

1901年，清廷与11国签订了丧权辱国的《辛丑条约》。《辛丑条约》内容是：清廷派专使为克林德事件向德皇道歉，并在北京为克林德立牌坊；处置“祸首”；以那桐为专使大臣，向日本天皇为杉山彬事件道歉；在义和团运动中被损坏或污渎的外国坟墓由各国使馆重新恢复，中国为北京附近的每处坟墓付款1万两银，为外省的每处付5000两银；两年内禁止中国进口军火；赔款白银4.5亿两；划定使馆区，不准中国人居住；拆毁大沽口炮台；外国可以在北京至山海关之间驻扎军队；清政府保证镇压排外行为；中国改善水道，以改善对外贸易；改总理衙门为外务部，位于六部之上。《辛丑条约》的签订，标志着清政府完全成为帝国主义列强在中国的代理人，中国完全陷入半殖民地半封建社会的泥潭。

◇1901年9月7日，中国政府全权代表奕劻、李鸿章与英、俄、美、德、日、法、奥、意、西、荷、比11国代表在北京签订《辛丑条约》。

日俄战争

日俄战争是日本和俄国为争夺中国东北和邻邦朝鲜，以中国为主战场的一场帝国主义战争。日本于1904年2月8日派遣海军偷袭停泊在旅顺港外的沙俄太平洋舰队，并击沉在仁川的俄国军舰。日俄两国遂于2月10日同时宣战。最终，俄军接连失败，导致国内政局不稳，日本虽取得胜利，但兵员伤亡重大，双方都无力再战。在美国调停下，日俄双方从8月10日起开始议和，9月5日签订《朴茨茅斯和约》。自此中国东北成为日俄两国的势力范围，出现从一国独占变为两国分据南北的局面。

◇日军占领旅顺口后，日军军官在山上眺望旅顺港中被击沉的俄国军舰。

辛亥革命和清朝灭亡

清廷为了缓和国内矛盾，也标榜“新政”，改革政府机构，编练新军，设立大中小学堂，但成效并不显著。新形成的近代知识分子接受戊戌变法失败的教训，走上反清革命的道路。各地出现了革命的小组织，出版许多鼓吹革命的宣传品，著名的有章炳麟《驳康有为论革命书》，邹容《革命军》，陈天华《猛回头》、《警世钟》等。光绪三十一年(1905)，在日本东京成立中国同盟会，提出“驱除鞑虏，恢复中华，创立民国，平均地权”的纲领，推举孙中山为总理，以统一领导日益成熟的民主革命。同盟会创办《民报》，宣传反清革命，驳斥保皇党鼓吹立宪的论调，并发动了一系列武装起义，包括萍浏醴起义，粤桂滇边界六次起义，徐锡麟的安庆起义，黄兴领导的广州黄花岗起义。但起义均告失败。

◇英勇不屈的黄花岗起义战士

广州黄花岗起义

1911年4月27日下午5时30分，黄兴率800名敢死队员分四路攻打两广总督衙门、小北门、巡警教练所和守南大门。黄兴率队攻入总督衙门，决心生擒两广总督张鸣岐。不料张越墙逃走。由于兵力悬殊太大，起义队伍得不到接应，各路队伍虽与清军展开激烈巷战甚至彻夜不休，但都先后失败。黄兴受伤但侥幸脱险。事后，同盟会会员潘达微设法收殓烈士遗骸72具，合葬于城东红花岗，后改名黄花岗七十二烈士墓。1932年，查得此次死难烈士姓名达86人。但是，人们习惯上仍称其为“黄花岗七十二烈士”。

为了抵制革命，清廷宣布“预备立宪”，颁布《钦定宪法大纲》，各省成立咨议局，北京成立资政院，声称要实行“君主立宪”，成立“责任内阁”。但新内阁变本加厉地把权力集中到满族亲贵手中，连汉族大臣和立宪派也受到排挤。

宣统三年(1911)，清廷宣布铁路国有，强夺商民的路权出卖给帝国主义，引起各地的保路运动，四川尤为激昂，数十万人罢市请愿，清军进行镇压。是年八月十九日（10月10日），武昌新军起义，占领武汉，组织军政府。各省纷纷响应，宣布独立。资产阶级革命派发动和领导这次革命，依靠的是新军和会党。各地立宪派因在立宪、路权问题上对清政府不满，在革命高潮时也参加进来，但思想和政治主张与革命派有重大分歧，还有一些旧官僚军阀也混进反清阵营，于是革命内部发生了摩擦和权力争夺。

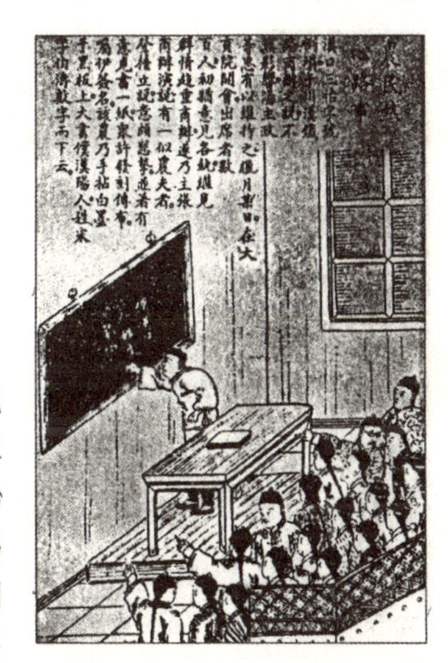

◇清末时事漫画：《农民热心路事》。四川保路同志会中，农民是基础力量。

保路运动

1911年6月17日，川汉铁路股东在成都组织保路同志会，各府州县相继建立分会，入会者达数十万人。8月下旬开始罢市、罢课和抗粮、抗捐。同盟会员龙鸣剑、王天杰等乘势联络会党，组织保路同志军。9月7日，四川总督赵尔丰诱捕保路同志会代表，封闭铁路公司，命军警开枪打死数百名请愿群众。保路同志军在四川各县发动武装起义。9月25日，同盟会员吴玉章、王天杰宣布荣县独立，建立了辛亥革命时期第一个县级革命政权，进而在四川全省发展为反清大起义，成为武昌起义的前奏。11月27日，成都宣布独立，成立大汉四川军政府，清王朝在四川的统治终结。

《中华民国临时约法》

以孙中山为首的南京临时政府公布的、具有资产阶级共和国宪法性质的文献，1912年3月8日由南京临时参议院通过。分总纲、人民、参议院、临时大总统副总统、国务员、法院、附则7章，共56条。临时约法体现了资产阶级民主共和国的国家制度，具有民主精神。政府组织形式实行“三权分立”，规定立法权属于临时参议院，参议院有权选举产生临时大总统、副总统，弹劾大总统和国务员，对临时大总统行使的重要权力，具有同意权和最后决定权。临时大总统代表临时政府总揽政务，公布法律，统率全军，任免官员等，但行使职权时须有国务员副署。法官有独立审判的权利。临时约法否定了集大权于一身的封建君主专制制度，是辛亥革命的重要成果。1914年5月废除，由《中华民国约法》取代。

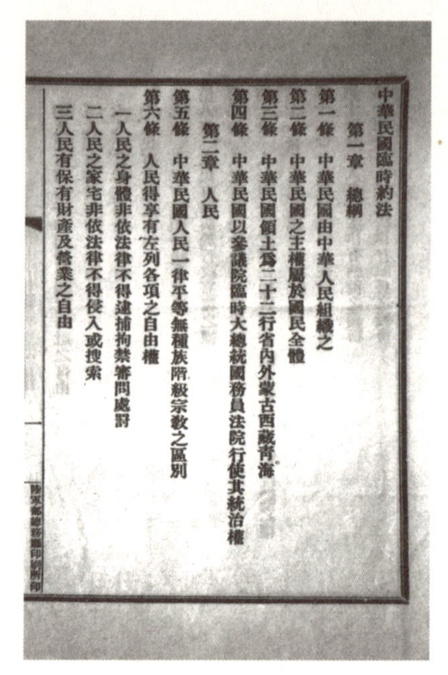
中華民國臨時約法
第一章　總綱
第一條　中華民國由中華人民組織之
第二條　中華民國之主權屬於國民全體
第三條　中華民國領土爲二十二行省內外蒙古西藏青海
第四條　中華民國以參議院臨時大總統國務員法院行使其統治權
第二章　人民
第五條　中華民國人民一律平等無種族階級宗教之區別
第六條　人民得享有左列各項之自由權
一人民之身體非依法律不得逮捕拘禁審問處罰
二人民之家宅非依法律不得侵入或搜索
三人民有保有財產及營業之自由

◇《中华民国临时约法》之一页

独立各省的代表集会，推举孙中山为临时大总统。1912年1月1日，孙中山在南京就职，宣布中华民国成立，又组织南京临时参议院，制定《中华民国临时约法》。清政府手足无措，只得敦请已被罢黜但暗操兵权的袁世凯出山，任命他为内阁总理大臣。袁调动北洋军，进攻武汉，压迫革命派妥协。而投入反清阵营中的立宪派、旧官僚以至部分同盟会员也向袁世凯靠拢。革命派不能控制局势，只好作出让步，同意如果清帝退位，可由袁世凯出任大总统。袁随即逼迫隆裕太后在接受优待清皇室的条件下交出政权。1912年2月清帝宣统退位，清王朝覆亡。

资产阶级共和国的创建、变质和演化
——中华民国（1912~1949年）

中华民国的创建

辛亥革命后成立的南京临时政府（1912年1月1日），标志着中国历史上第一个资产阶级共和国的建立。南京临时政府只存在了三个月，但进行了许多重大改革。在政治和社会方面有：建元改历、限期剪辫、劝禁缠足、禁止刑讯、保障人权、禁止买卖人口、禁绝贩卖童工、保护华侨、严禁鸦片、改变称呼、废止跪拜、禁止赌博。政府还提倡廉洁奉公、任人唯贤等。此外，在经济、教育、新闻等方面也作了许多重大改革。

1912年3月11日，孙中山以临时大总统名义公布了《中华民国临时约法》，作为正式宪法制订之前的根本法。《临时约法》共7章56条，对人民权利和国家制度等均有具体规定。为了限制即将掌权的袁世凯，《临时约法》规定实行内阁制。

大總統誓詞

傾覆滿洲專制政府鞏固中華民國圖謀民生幸福此國民之公意文實遵之以忠於國為眾服務至專制政府既倒國內無變亂民國卓立於世界為列邦公認斯時文當解臨時大總統之職謹以此誓於國民

中華民國元年元旦 孫文

◇大总统就职誓词

不久，袁世凯窃取了中华民国政权，辛亥革命终于失败。造成这种现象的根本原因是同盟会组织涣散，很多同盟会员主张“革命功成，革命党消”，孙中山也主张革命党人专门从事实业活动，而失去了对袁世凯的警惕。

内阁制

内阁总揽国家行政权力、代表国家元首对议会负责的政体形式，与总统制相对。内阁政府的首脑是首相（或总理），常由在议会中占多数席位的政党或政党联盟的领袖担任，有任免阁员和所有政府高级官员的权力，并负责制定和执行国家对内对外的重大方针政策。内阁由议会监督，定期向议会报告工作。如议会不信任内阁，阁员必须集体辞职，或由内阁提请国家元首解散议会，重新举行议会大选。新议会如果仍对内阁表示不信任，内阁则必须总辞职，由国家元首任命新首相（总理）组建政府。

◇唐绍仪（1862~1938），中华民国第一任内阁总理（任期自1912年3月13日到6月17日）。

◇1912年1月28日临时参议院举行成立大会

北洋军阀的统治

袁世凯依恃手中的北洋军，一方面逼清帝退位，一方面逼革命派让权。他当上了中华民国的临时大总统，开始了北洋军阀的统治。他专权跋扈，破坏《临时约法》，一步步把中华民国引向中华帝制。

袁世凯破坏责任内阁，逼使内阁中的同盟会成员一一离去，代之以自己的亲信。1912年8月25日，同盟会改组为国民党，并在1912年12月（初选）和1913年2月（复选）的国会选举中取得压倒多数。宋教仁积极为筹组国民党的责任内阁作准备，结果被袁世凯派人于1913年3月20日刺杀于上海车站。孙中山、黄兴等于当年7月发动“二次革命”，很快被镇压下去。

◇袁世凯与北洋将领合影

北洋军阀

北洋军阀，民国军阀势力之一。1895年，清政府派袁世凯接管新式陆军，这是北洋军建立的开始。随着北洋军的扩张，逐渐形成了以袁世凯为首的封建军事政治集团——北洋军阀。袁世凯死后，北洋军阀分裂为皖系、直系、奉系三派，各领导人以省割据导致分裂，以军队为主要力量在各省建立势力范围。虽在名义上接受北京政府的领导，但北京政权实际上由不同时期的军阀所控制，所以在北洋军阀时期北京政府又有北洋军阀政府（简称北洋政府）的称呼。历史上把长江吴淞口以北的军阀也称北洋军阀。

◇1913年10月10日袁世凯就任正式大总统后与各国驻华使节合影

1913年 4月，中华民国第一届正式国会召开。国会议员在失去自由的情况下，于10月6日被迫选举袁世凯为正式大总统。11月，袁世凯下令解散国民党。次年1月，宣布停止两院议员职务，一律遣返原籍。同时，设置政治会议，执行国会权力；又设约法会议，修改《临时约法》。1914年5月1日，宣布《中华民国约法》，把责任内阁制改为总统制，极力扩大总统权限。同日，正式废除国务院官制，设立政事堂，任徐世昌为国务卿，设左右丞，并逐渐恢复清朝旧制。

1915年，袁世凯与日本签订丧权辱国的“二十一条”(见中日“二十一条”交涉)。同时大造帝制舆论。先由其美籍顾问F.J.古德诺发表《共和与君主论》，继又由其亲信杨度等成立筹安会，极力鼓吹和筹办帝制。12月12日，袁世凯正式发表接受皇帝位令，并改中华民国五年为洪宪元年。12月25日，蔡锷在云南宣告独立，起兵讨袁。袁世凯因形势不利，被迫于1916年2月23日宣布延期实行帝制。3月下令撤销“承认帝位案”，取消洪宪年号。他仍不放弃大总统的位置。结果遭到全国人民反对，各省相继独立。在众叛亲离的情况下，袁世凯于1916年6月6日死去。

“二十一条”

1915年1月，日本向中国政府提出的，企图把中国的领土、政治、军事及财政等都置于日本控制之下的21条无理要求。主要内容有5项：①承认日本继承德国在山东的一切权益，山东不得让与或租借他国。②承认日本人有在南满和内蒙古东部居住、往来、经营工商业及开矿等项特权。旅顺、大连的租借期限及南满、安奉两铁路管理期限，均延展至99年为限。③汉冶萍公司改为中日合办，附近矿山不准公司以外的人开采。④所有中国沿海港湾、岛屿不得租借或让给他国。⑤中国政府聘用日本人为政治、军事、财政等顾问。中日合办警政和兵工厂。武昌至南昌、南昌至杭州、南昌至潮州之间各铁路建筑权让与日本。日本在福建省有开矿、建筑海港和船厂及筑路的优先权等。

◇1915年“二十一条”签字时中日代表合影

中日“二十一条”交涉

“二十一条”由日本驻华公使日置益向袁世凯递交，并要求袁政府“绝对保密，尽速答复”。外交总长陆徵祥、次长曹汝霖奉命与日本代表秘密谈判，提出修正案，但日本寸步不让。欧美列强对日本损害其在华权益不满，中国人民的反日情绪也日趋高涨。这种情况下，日本改变了一些条文的表面形式，5月7日发出最后通牒，限48小时内应允。袁世凯于5月9日递交复文表示除第五项各条“容日后协商”外，全部接受日本的要求。25日在北京签订了所谓“中日条约”和“换文”。

◇外交总长陆徵祥（1871～1949）

袁世凯死后，北洋军阀逐渐分化为直、皖二系，分别以冯国璋、段祺瑞为首。这一分化过程，大体上反映了美、日在中国的矛盾。

黎元洪以副总统资格依法继袁世凯后为中华民国大总统，但实权掌握在国务总理段祺瑞手中。于是又发生黎元洪（总统府）和段祺瑞（国务院）的争执。府院之争最后导致了1917年的张勋复辟。段祺瑞一方面支持张勋复辟，促使国会解散，黎元洪解职；同时又举兵讨张，以平定复辟的功臣自居，从而巩固了皖系军阀在中央政权的统治。冯国璋1917年8月以副总统资格代理大总统。其直系势力主要在江苏、江西、湖北、直隶等省。1918年9月，皖系军阀又操纵安福国会，选举徐世昌为大总统。段祺瑞则专任参战（指第一次世界大战）督办，直接掌握几个师的参战军（后改为边防军）。皖系军阀出卖中国主权，换取日本大量借款。1919年爆发的五四爱国运动，成为皖系统治由盛到衰的转折点。直系军阀利用人民群众的爱国情绪，利用皖系和其他派系的矛盾，在1920年7月直皖战争中迅速把皖系打败。

◇1917年7月张勋复辟帝制，北京街头又挂出龙旗。

皖系军阀

北洋军阀派系之一，以安徽(简称皖)人段祺瑞为首，所以被称为皖系。主要人物有徐树铮、傅良佐、靳云鹏等。张勋复辟失败后，皖系重掌政权，乘机编练“参战军”以扩充实力，鼓吹武力统一全国。1917年秋，皖系军阀发动内战，妄图消灭以孙中山为首的南方护法军。武力统一政策激起全国人民的公愤，也遭到直系将领反对。直皖军阀的权力争夺更加激烈。1920年7月，直皖战争爆发，皖系被直奉联军击败。段祺瑞下野，皖系重要头目被通缉，北京政府由直奉两系军阀控制，皖系军阀被逐步消灭。

直系军阀

北洋军阀派系之一，是以直隶（今河北）人冯国璋为首领的一派。冯国璋死后，曹锟、吴佩孚继起为直系首领。直皖战争中打败皖系军队，与奉系一起控制北京政府。其后直奉军阀之间的矛盾日益尖锐，导致1922年4月爆发首次直奉战争，奉军战败退出关外，直系控制了北京政权。1924年，第二次直奉战争爆发，北京又落在奉系手中。军阀混战导致直系逐渐分裂，在国民革命军北伐后被全部消灭。

奉系军阀

北洋军阀派系之一，以奉天(今辽宁)人张作霖为首。主要人物有张景惠、杨宇霆、张宗昌等。民国初年，奉系受日本支持实行地方割据和武力扩张，逐步建立了对东北三省的统治。1920年与直系军阀取得直皖战争的胜利，但随后又转而与皖系合作，联合孙中山的广东政权组成反直“三角同盟”。奉系在第一次直奉战争中失败，撤回关外宣布“东北自治”。第二次直奉战争中奉系胜利，重新控制了北京政权。1928年张作霖被日本军国主义分子炸死，其子张学良继任“东三省保安司令”，于1928年12月29日宣布东北易帜，归顺国民政府。北洋军阀在中国的统治至此结束。

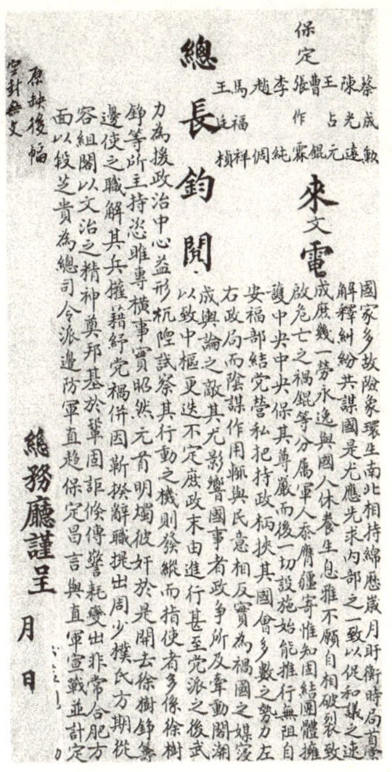

保定

蔡成勳 陳光遠 王占元 曹錕 張作霖 李純 趙倜 馬福祥 王廷楨 來文電

總長鈞閱

國家多故險象環生南北相持綿歷歲月盱衡時局首要解釋糾紛共謀國是尤應先求內部之一致以促和議之速成庶幾一勞永逸與國人休養生息乃不顧自相破裂致啟危亡之禍錕等分屬軍人忝膺疆寄惟知固結團體擁護中央中央保其尊嚴而後一切設施始能推行無阻自安福部結黨營私把持政柄挾其國會多數之勢力左右政局而陰謀作用輒與民意相反實為禍國之媒寖成輿論之敵其尤影響國事者政爭所及牽動閣潮以致中樞更迭不定庶政末由進行甚至黨派之後武力為援政治中心益形杌隉試察其行動之機則發縱而指使者多係徐樹錚等所主持恣睢專橫事實昭然元首明燭彼奸於是開去徐樹錚籌邊使之職解其兵權藉紓黨禍併因靳揆辭職提出周少樸氏方期從容組閣以文治之精神奠邦基於鞏固詎倏傳警耗變出非常合肥方面以段芝貴為總司令派邊防軍直趨保定昌言與直軍宣戰並計定

總務廳謹呈 月 日

原缺後幅 字封無文

◇直皖战争前夕，直系、奉系的讨皖通电。

◇奉系军阀张作霖与其外国顾问

五四运动和在其前后兴起的新文化运动，促成了马克思主义和中国工人运动的结合，从思想上、干部上为1921年7月中国共产党的成立作了准备。中国共产党的成立，是中国革命运动发展的必然结果。它开辟了中国历史的新纪元，使中国革命的面貌为之一新。

直系军阀在打败皖系军阀后，又在1922年4月第一次直奉战争中打败了奉系军阀，独自掌握了北京的中央政权。直系在军事上积极推行吴佩孚的“武力统一”政策，在政治上连续逼走了徐世昌、黎元洪，为曹锟贿选创造了条件。吴佩孚于1923年2月7日血腥镇压京汉铁路工人罢工，以及1923年10月曹锟由贿选当上了大总统，将直系军阀仇视民众、推行专制腐败统治的本质，在全国暴露无遗。

“二次革命”被镇压后，孙中山于1914年在日本秘密组织中华革命党，1919年在上海重组中国国民党，在俄国十月革命的影响下，得到中国共产党的帮助，找到新的革命道路。1924年1月，中国国民党第一次全国代表大会在广州召开，中国共产党和中国国民党的第一次合作正式形成，成为中国革命高涨的起点。

◇1919年5月4日北京数千名学生在天安门前举行集会，高呼“外争国权，内惩国贼”等口号。

◇广州文明路大钟楼，中国国民党第一次全国代表大会旧址。1924年1月20～30日在广州召开的中国国民党第一次全国代表大会是一次对党进行全面改组、实现国共合作的会议。第一次国共合作正式形成。

中国共产党领导人民群众在全国掀起倒直运动，各派军阀也利用反直来扩大自己的势力。1924年9月，苏浙战争开始，奉军又由东北源源入关，第二次直奉战争爆发。10月，冯玉祥发动北京政变，曹锟被囚。在山海关的吴佩孚不得不率残部从大沽口沿海南下，直系主力退到长江流域。冯玉祥把所部改称国民军，驱逐溥仪出宫，电请孙中山北上，却又请段祺瑞到北京担任临时总执政。张作霖也到了北京。段祺瑞发表宣言，其中有“外崇国信”之语，意即承认一切不平等条约，因而受到帝国主义，特别是日本帝国主义的欢迎。1925年孙中山到北京。中国共产党和国民党左派倡导国民会议，并于3月1日在北京召开了国民会议促成会全国代表大会，以与段祺瑞在2月1日召开的善后会议相对抗。1925年3月12日，孙中山因肝癌逝世。他的死引起国内外的哀悼，形成了一次广泛的政治宣传运动。不久，全国由五卅运动而掀起革命高潮。

1926年7月，广州国民政府组织的国民革命军开始北伐战争。当时，统治各地的军阀武装，可以分为四种势力：①孙传芳部。控制苏、皖、浙、闽、赣五省，共20万人。由孙任五省联军总司令。②吴佩孚部。因北京政变而退到长江流域的吴佩孚，在汉口称十四省联军总司令，兵力亦有20万人，占据湘、鄂、豫及陕西东部，控制京汉铁路。③张作霖部。总兵力约35万，占据东北各地、直隶(包括北京、天津)、山东，控制津浦铁路北段。④冯玉祥部。即从北洋军阀中分化出来的国民军。1926年初，冯去苏联考察军事，国民军在“三·一八”惨案后退出北京、天津，向西北退却。

◇广州黄埔军校

国民革命军

简称“国军”，由中国国民党在1925年仿照当时苏联共产党“以党建校，以校领军”的模式，并参考苏联军事制度后创设。早期国民革命军内部的将领和军官由陆军军官学校（黄埔军校）培养训练，军队也效忠国民党，历经北伐、东征、抗日、国共内战等战争。蒋介石败退台湾之后，实行军队国家化，“国民革命军”一称废止，“国军”的简称仍沿用，只是含义发生了变化。

◇1926年9月7日，国民革命军在广州举行北伐誓师阅兵。

北伐战争

为彻底推翻北洋军阀的反动统治，1926年7月，国民革命军约10万人从广东分三路开始北伐，蒋介石任总司令，以共产党员和共青团员为骨干的叶挺独立团担任先遣队。广大工农群众支持北伐，并给予了有力支援。1927年初，北伐军先后击溃北洋军阀吴佩孚、孙传芳等军队的主力，占领了半个中国。但在北伐大业的紧要关头，蒋介石、汪精卫等国民党右派势力在帝国主义支持下发动了“四·一二”和“七·一五”反革命政变。由于受到陈独秀右倾投降主义错误的影响，中共没有采取措施应付突发事变，蒋介石反动集团窃取了革命果实，建立起新的军阀统治，北伐战争以失败告终。

直系和奉系军阀勾结，共谋对付南方的北伐。北伐军采取先打吴佩孚，中立孙传芳，再打孙、张的方针，集中兵力进攻两湖的吴佩孚。经过汀泗桥、贺胜桥等战役，于1926年10月攻取武汉三镇。接着，北伐军对孙传芳部队进行包围，占领南昌，未经重大战斗又占领福建全省。

1926年8月，冯玉祥由苏联回国，9月在五原誓师，任国民联军总司令。国民军除一部分抵抗由京包路西进的奉军外，全部进入陕、甘，向豫西进攻。

11月间，张作霖、张宗昌、孙传芳举行天津会议。12月组成安国军，由张作霖任总司令，张宗昌、孙传芳任副总司令。北伐军趁敌阵势尚未布成之时，利用矛盾，迅速展开进攻。1927年3月占领南京，并依靠工人起义进驻上海。孙传芳在长江下游的统治被摧毁，援孙的奉

◇叶挺（1896~1946），中国人民解放军创建者之一。

汀泗桥、贺胜桥战役

北伐战争中的著名战役。汀泗桥是湖北省咸宁市境内的军事要隘，易守难攻。1926年8月，北伐军攻入湖北。军阀吴佩孚急调重兵扼守汀泗桥，企图阻止北伐军北上。叶挺独立团走山路绕到敌后发起猛攻，顺利夺取汀泗桥。吴佩孚调重兵退守另一军事要隘——贺胜桥。叶挺独立团经英勇战斗，最终夺取了贺胜桥。在这两场战役中，叶挺独立团战功赫赫，为其所在的国民革命军第四军赢得了“铁军”的称号。

◇湖北汀泗桥国民革命民北伐阵亡将士纪念碑

“四·一二”政变

◇“四·一二”政变中，被袭击的上海工人纠察队总指挥部——商务印书馆。

1927年4月12日，在蒋介石的授意下，大批青红帮流氓从租界冲出，向上海总工会等处的工人纠察队发动袭击。当工人群众奋起抵抗时，又遭到国民革命军的镇压。上海工人随即举行总罢工和请愿，结果遭到了更为野蛮的武装袭击。蒋介石借故下令解散上海总工会，捕杀共产党员和革命者。随后，蒋介石的势力在南京等地以“清党”为名，清洗共产党员和革命群众。“四·一二”政变使中国大革命受到严重的摧残，是大革命从胜利走向失败的转折点。

◇“四·一二政变”时的国民党行刑队

系军队也大败。就在这时，北伐军总司令蒋介石在上海发动“四·一二”政变，血腥镇压革命群众，局势急转直下。4月18日，蒋介石在南京另建国民政府（见南京国民政府）。

“四·一二”政变以后，由广州迁往武汉的国民政府继续北伐。1927年5月，北伐军在豫南大破奉军主力。冯玉祥的国民军也沿着陇海线取得很大胜利。但冯玉祥为“四·一二”政变的逆流所影响，6月10日和汪精卫举行郑州会议，接着又和蒋介石举行徐州会议，促成了宁汉合流。汪精卫回武汉后发动“七·一五”政变。

◇原南京总统府国务会议厅

南京国民政府

“四·一二”政变后，蒋介石否认武汉国民政府，决定定都南京。4月18日，南京国民政府举行成立典礼，蔡元培代表中国国民党中央党部授印，胡汉民代表国民政府接印。南京国民政府采取委员制，蒋介石等12人为政府委员，胡汉民为政府主席，蒋介石为国民革命军总司令。政府下设秘书长、财政部、外交部、民政部、司法部等部门。辖区包括江苏、浙江、安徽（一部）、福建、上海、南京、广东、广西等。南京国民政府建立后，抛弃孙中山三大革命政策，继续“清党”，成为代表大地主大资产阶级利益的政府。

宁汉合流

1927年9月，蒋介石集团同汪精卫集团在反共的基础上实行反革命合流。蒋、汪相继背叛革命后，中国国民党已变成代表地主和买办资产阶级利益的反动政党，形成了宁（南京）、汉（武汉）、沪3个集团。宁、汉双方集中了国民党的重要领袖，又各自掌握一个政府、拥有一支军队、割据大块地盘，在反共的问题上有着共同的基础。9月17日，南京国民政府和军事委员会改组并发表宁汉合作宣言，宣布国民党“统一”完成。由于国民党内部各派势力利害冲突，所谓“合流”不可能达到真正统一，形式上的“统一”也很快为新的分裂所代替。

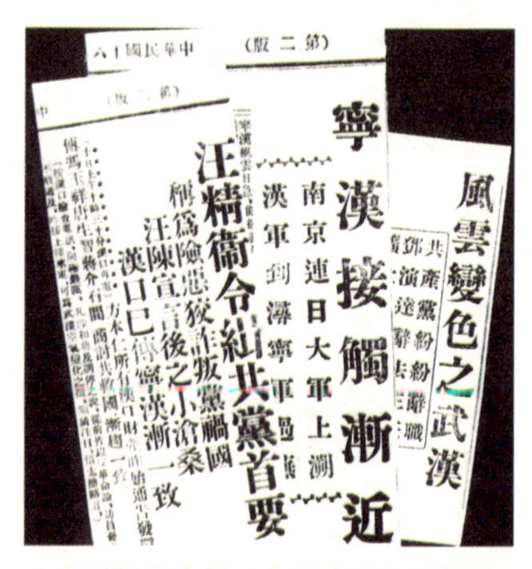

(第二版)

寧漢接觸漸近

南京連日大軍上溯

汪精衛合組共黨首要

汪陳宣言後之小滄桑

漢口已得寧漢漸一致

風雲變色之武漢

共產黨紛紛辭職

◇当时报纸有关“宁汉合流”的报道

西山会议派

1925年11月23日，中国国民党部分中央执行委员和中央监察委员等在北京西山碧云寺召开所谓“国民党一届四中全会”，也称西山会议。会议宣布中共“非法”，并通过了“解雇顾问鲍罗廷”、“取消共产党员在国民党中之党籍”、“开除国民党中央执行委员会中的共产党员”等反苏、反共、反对国共合作等议案。会后，参会人员在上海成立“国民党中央党部”，与广州国民党中央相对抗。参加西山会议者被视为国民党内部的右翼势力，被称为“西山会议派”，代表人物有谢持、邹鲁、林森、张继等。

◇林森(1867～1943)，国民党西山会议派重要成员，南京国民政府主席。字子超，号长仁。福建闽侯人。

蒋汪合流并未造成国民党的统一。南京（蒋）、武汉（汪）和上海（西山会议派）三个中心互争党权。蒋、桂、阎、冯四个集团互争军权。1927年8月蒋介石以退为进，宣告下野，9月赴日本。但并没有使矛盾得到缓和。宁汉之间不久又启战端；北方的晋、奉之间和冯(玉祥)、张（宗昌）之间亦兵戈相见。蒋介石因此返国，于12月间恢复国民革命军总司令职务。1928年4月，蒋、桂、阎、冯四派联合展开了对奉系的“北伐”。

张作霖1927年6月于北京建立“安国军政府”，自称“大元帅”，任命潘复为内阁总理。这是北洋军阀统治时期的最后一届政府。在蒋、桂、阎、冯的联合进攻下，张作霖于1928年6月3日夜离京，秘密出关。列车于4日晨在皇姑屯被日本预伏的炸药炸毁，他回到沈阳后不久即死去。张学良继任东北保安司令，并于当年12月宣布“易帜”。北洋旧军阀中的最后一个派系——奉系也从历史上消失。

国民党政府的统治

蒋介石、汪精卫自1927年实行反共政策后，相继大肆镇压共产党和人民力量，中国共产党采取以武力反对国民党屠杀的方针。到1928年底，全国各地革命群众先后发动了一百余次武装起义（包括南昌起义、秋收起义、广州起义）。这些起义有的取得了一定的胜利，大多因准备不足和敌人的镇压而失败。但它们为建立农村根据地和中国工农红军创造了有利条件。1927年10月，毛泽东开始在湘赣边界的井冈山建立根据地。到1930年，农村根据地遍及十几个省份，红军发展到10万人。1931年11月，在江西瑞金召开了中华苏维埃第一次全国代表大会，宣告中华苏维埃共和国临时中央政府成立，毛泽东任主席。

南昌起义

1927年周恩来受中共中央政治局指派，在南昌组织和领导武装起义。参加起义的武装力量有贺龙、叶挺和朱德所部，共约二万余人。8月1日凌晨2时，南昌起义打响，经四个多小时的激战，全歼南昌城内的国民党武装力量一万余人，占领了南昌城。起义军继而分批撤离。由于南下向东江进发，力图以东江为基地，获取国际援助重新北伐，南下部队兵力分散，结果在潮汕地区遭强敌围攻。最后，一部分部队撤至海陆丰，与彭湃领导的农军会合；一部分在朱德、陈毅率领下转入湘南开展游击战争。南昌起义打响了武装反抗国民党反动派的第一枪，揭开了中国共产党独立领导武装斗争和创建革命军队的序幕。

◇南昌起义指挥部旧址——江西大旅社

国民党蒋、桂、阎、冯四大军事集团的临时合作，在打败奉系后解体。1929年1月，蒋介石在南京召开军事缩编会议，企图削弱其他派系武力。同年3月，他又一手包办国民党第三次全国代表大会。这些都促使蒋、桂、阎、冯之间的矛盾尖锐化，蒋桂战争（3月）、蒋冯战争（10月）等连续发生。1930年冯、阎、桂三集团联合反蒋，百万大军在中原地区展开了大战。以汪精卫为首的国民党改组派和以谢持为首的西山会议派也参加了反蒋大联合，在北平召开国民党第二届中央扩大会议，成立以阎锡山为主席的国民政府，与南京的国民政府相对抗。由于张学良入关助蒋，阎、冯失败，攻入湖南的桂军亦退回广西，反蒋大联合瓦解（见蒋阎冯大战）。

蒋阎冯大战

1930年5～11月，蒋介石与阎锡山、冯玉祥和桂系李宗仁之间展开的军阀战争。因为战争主要在地处中国中原的河南省及其邻近地区进行，所以又称中原大战。1929年，蒋介石以裁军为名扩充嫡系、排除异己，引起各地军阀强烈不满。阎锡山于1930年2月联络冯玉祥、李宗仁等组织反蒋同盟，拥有5个方面军60余万人。蒋介石调兵70余万编成4个军团，并亲任总司令。5月11日战争爆发。反蒋军先胜后败，蒋军在两湖、津浦、陇海、平汉各战场取得全面胜利。之前持观望态度的张学良9月18日通电拥蒋，率东北军入关占领平、津、河北，反蒋联军迅速瓦解。蒋阎冯大战历时7个月，双方投入兵力逾百万，是中国近现代历史上规模最大的军阀战争。

◇蒋阎冯大战期间，蒋军派出装甲部队参战。

1931年5月5日，蒋介石集团包办的国民会议召开，通过了《中华民国训政时期约法》，规定：“由中国国民党全国代表大会代表国民大会行使中央统治权；中国国民党全国代表大会闭会时，其职权由中国国民党中央执行委员会行使之。”这样就确定了国民党一党专政的国家制度。

蒋介石虽然在中原大战中取胜，但反蒋派的国民党中央执行委员、监察委员在陈济棠的保护下，于1931年5月在广州召开“非常会议”，又成立了以汪精卫为主席的国民政府。九一八事变后，对立的宁粤双方和解，蒋介石和汪精卫联合。1932年 1月，林森出任南京国民政府主席，汪精卫任行政院长；3月，蒋介石任军事委员会委员长兼军事参谋部参谋长。

◇1931年9月18日，日本关东军突袭沈阳，发动九一八事变，最终东北三省全部沦陷。图为1931年9月19日，侵占中国沈阳市区的日本关东军。

九一八事变后，蒋介石采取“攘外必先安内”的方针，派十万以至几十万大军连续对苏区进行“围剿”。红军在前几次的反“围剿”中，由于执行毛泽东的战略战术而取得了胜利。但第五次反“围剿”中由于“左”的错误而遭到失败。反“围剿”失败的红军突破国民党军不断的追、围、堵、截，经过二万五千里长征，转移到陕北。

日本侵略者向华北进逼，使它和蒋介石之间的矛盾日益突出，也使它与英美帝国主义的利益发生了严重的冲突。基于维护自身的统治，蒋介石对抗日的态度逐渐发生变化。中国共产党对国民党、蒋介石的方针也有了重大的转变。1935年8月1日，中华苏维埃共和国中央政府和中共中央发表《为抗日救国告全体同胞书》。同年12月，中共中央确定了抗日民族统一战线的策略方针。次年9月1日，中共中央向党内发出《关于逼蒋抗日问题的指示》。1935年的“一二·九”运动，掀起了全国抗日救亡运动的新高潮。1936年12月12日由张学良、杨虎城发动的震惊中外的西安事变，成为国共两党关系的一个转折点。蒋介石实际上答应了停止内战，一致抗日的要求。

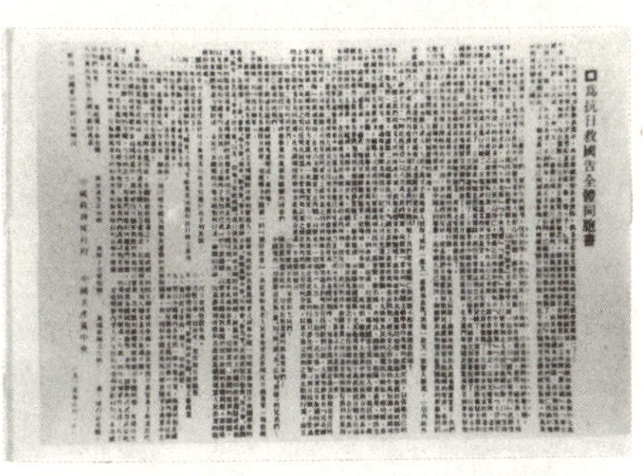
為抗日救國告全體同胞書

◇1935年8月1日，中共中央发表《为抗日救国告全体同胞书》。

◇1935年12月9日，清华大学女学生陆璀（持话筒者）在北平（今北京）西直门外进行抗日宣传。

抗日民族解放战争

1937年七七事变、“八一三”上海事变相继爆发。8月14日，国民政府发表“自卫”宣言。中国工农红军相继改编为国民革命军第八路军和新编第四军。第二次国共合作终于实现。

◇七七卢沟桥抗战——驻宛平城的中国军队紧急开赴卢沟桥头。

国民党军队担负了正面战场的御敌任务，在平、津、沪、山西忻口、江苏徐州及武汉外围都进行了积极的抵抗。1938年春的台儿庄战役，毙伤日军1万余人。由于日军攻势猛烈，大片国土仍不免沦于敌手。日本侵略军所到之处，烧杀淫掠。1937年12月13日占领南京后，杀害中国军民30余万。

中国共产党领导的八路军、新四军担负了开辟敌后战场的任务，广泛开展游击战和有利条件下的运动战。1937年9月的平型关战斗，取得歼灭日军1000余人，击毁日军汽车100余辆的胜利。此后，它们即分兵发动群众，在敌后广泛地建立根据地。

台儿庄战役

1938年3月23日至4月8日，中日两军在山东南部台儿庄地区进行的一次战役。台儿庄及其附近地区是台儿庄战役的主战场，在方圆不足50千米的地域内，日军先后投入第10、第5师团的大部分兵力，共3万余人。中国军队由李宗仁指挥，参战部队有孙连仲的第2集团军和汤恩伯第20军团近10个师，约10万人。虽然中国军队有兵力上的优势，但武器装备差，训练落后，力量对比仍是敌强我弱。双方展开了惨烈的鏖战。中国军队浴血奋战，往往针对一街一屋进行反复争夺，终于取得了抗战初期最大的一次胜利，歼灭日军1万余人。

◇台儿庄战役前，第五战区司令长官李宗仁在台儿庄车站摄影留念。

平型关战斗

1937年9月，八路军第115师在师长林彪、副师长聂荣臻率领下，到达山西北部平型关的东南地区寻找战机。9月25日，第115师成功伏击日军第5师团第21旅团一部和辎重队，以劣势装备歼灭日军1000余人，击毁汽车百余辆，缴获炮1门、轻重机枪20余挺、掷弹筒20余具、步枪1000余支、战马53匹和大批军用物资。这一胜利打破了“日军不可战胜”的神话，振奋了中国民心士气，提高了中共和八路军的声威，为后来创建敌后根据地奠定了广泛的群众基础。

◇平型关战斗，八路军第115师前线指挥所。

1938年10月武汉失守后，日本采取以“诱降”为主的方针。同年12月汪精卫从重庆出走投降。1939年1月，国民党召开的五届五中全会虽然声言要继续坚持抗战，却制定了“溶共”、“防共”、“限共”、“反共”的方针和办法。

在战争进入相持阶段之后，中国共产党继续抗战，反对投降;坚持团结，反对分裂;坚持进步，反对倒退。1940年8～12月，八路军在华北发动百团大战。从而打破了敌人进攻抗战大后方的策划，鼓舞了全国人民坚持抗战的信心。1941年1月，发生了皖南事变，国共合作处于千钧一发之势。1941年3月，中国民主政团同盟正式成立，主张民主团结，以利抗战。

日军为了巩固其占领区，继1939年的南昌战役、1940年的枣（阳）宜（昌）战役之后，于1941年又向国民党战

◇1940年9月百团大战，破坏正太铁路东段时的情景。

百团大战

为打击日军的“囚笼政策”，使华北战局向更有利的方向发展，并影响全国的抗战局势，八路军总部决定破袭华北日军交通线，先后出动兵力达105个团，故名百团大战。从1940年8月20日开始，八路军和地方游击队以正太铁路为重点，向主要的铁路线和公路、日军据点进行破袭战，至12月5日基本结束。百团大战共作战1800余次，毙伤日军2万余人，拔除据点2900多个，破坏铁路470余千米、公路1500余千米，缴获炮50余门、枪5800余支，但自身伤亡也达1.7万余人。

中国远征军

太平洋战争爆发后，中国政府派出的一支支援英军在缅甸抗日、保卫中国西南大后方的出国作战部队。日军1942年1月发动了侵缅战争，中国政府应英国政府请求，以第5、第6、第66军共10万余人组成远征军，1942年2月入缅作战。远征军在同古、仁安羌、腊戌等地与日军激战，从仁安羌援救被围英军7000余人，给日军以沉重打击。8月，远征军大部退至怒江东岸，重新成立远征军；一部西撤印度，改称中国驻印军。1945年1月27日，远征军与驻印军会师于缅甸芒友，打通中印公路，3月将日军全部赶出缅北和滇西。此后返回国内。

◇中国远征军在作战

场发动了一些小规模的战役。1月有豫南战役，3月有上高战役，5月有晋南战役，9月有第二次长沙战役，12月有第三次长沙战役。1942年2月，国民政府为了保卫滇缅公路，组成中国远征军，支援反法西斯同盟国的对日作战。同年5月，日军发动浙赣战役。1941~1942年，是敌后解放区最困难的两年。中国共产党开展整风运动和大生产运动，渡过了困难。

世界反法西斯战争在1943年发生重大变化。苏军在2月取得斯大林格勒战役的伟大胜利，英美联军在7月占领意大利南部，中、美、英9月在缅甸开始反攻。1943年，解放区开始转入恢复和再发展的新阶段。1944年，解放区战场开始反攻。到1945年初，全国已有19个解放区，总面积约95万平方千米，人口9550余万，八路军、新四军及其他人民军队发展到91万，民兵发展到220万。

◇中共七大上，毛泽东致开幕词并作《论联合政府》的政治报告。

《论联合政府》

1945年4月24日毛泽东在中共七大上所作的政治报告。报告总结了八年抗战的历史经验和解放区的建设经验，全面阐述新民主主义革命理论和国家学说。报告总结阐述了中国共产党在新民主主义革命时期的政治、经济、军事、文化纲领和政策，指明了新、旧民主革命以及新民主主义革命同社会主义革命的区别。报告还总结了中国共产党的建党经验，提出党的工作作风是理论和实践相结合的作风、紧密联系群众的作风和自我批评的作风，认为这是共产党区别于其他政党的显著标志。《论联合政府》在中国面临两种前途、两种命运斗争的重要时刻，总结了中国民主革命的经验，制定了正确的纲领和策略。

国民党战场在1944年豫湘桂战役中大溃败，全国人民要求改组政府和改组统帅部。为适应新形势，中国共产党于1945年4月召开第七次全国代表大会，毛泽东作了《论联合政府》的报告。

1945年5月，苏美英盟军取得了彻底战胜德、意法西斯的伟大胜利，使日本法西斯陷于孤立无援的严重困境。8月6日和9日，美国先后在日本广岛和长崎各投下一枚原子弹。8月8日，苏联对日宣战；9日，苏军进入中国东北各省。8月15日，日本宣布无条件投降。中国人民抗日民族解放战争胜利结束。

中华民国的经济和文化

中华民国建立以后，中国资本主义有了相当的发展。1912～1916年间，民国政府所公布的有关发展实业的条例、章程、细则、法规等，共有86项之多。内容包括了矿政、农林、工商、渔业等各方面。北洋政府虽政治上反动，却无法改变资本主义发展的总趋势。1914年第一次世界大战爆发后，西方列强无暇东顾，中国民族工商业有了进一步的发展。直至1922年，即西方列强卷土重来后，才迟滞下来。同盟会的纲领中提出过“平均地权”的主张，后来并没有付诸实践。反之，统治民国的大小军阀掠夺了大量财富，集中了大量土地。官僚资本主义企业也在发展。北洋政府接收了清政府在甲午战争前后所办的军事工业。一些民用工业转到了北洋军阀手中。军阀、官僚还利用政治特权和优惠条件，创办了许多企业，由此获得巨大利润，形成若干“财阀”。不过官僚资本在这一阶段的发展还是缓慢和分散的。1927年南京国民政府建立后，当权者逐步垄断了全国的经济命脉，并在30年代以后形成了和国家政权结合在一起的以蒋、宋、孔、陈四大家族为代表的国家垄断资本。

◇民国末期，蒋介石为挽救濒临崩溃的财政经济而发行的100万元金圆券。

《新青年》

1915年9月15日《青年杂志》在上海创刊，陈独秀主编。自第2卷(1916年9月)改名《新青年》，成为反封建和鼓吹民主革命的中心刊物。由陈独秀、钱玄同、高一涵、胡适、李大钊、沈尹默、鲁迅等轮流任编辑。五四运动前后，《新青年》以鼓吹民主、科学，提倡新文学为主要内容，曾载鲁迅小说《狂人日记》、《孔乙己》、《药》，李大钊的论文《庶民的胜利》、《布尔什维主义的胜利》等，在宣传马克思主义、反对封建伦理道德、呼唤人性的觉醒等方面发挥了积极的作用。中国共产党成立后，《新青年》成为党中央的机关刊物。1922年7月休刊，1923年6月改出季刊，自1925年4月改为不定期刊物，次年7月停刊。

◇1915年9月15日，《青年杂志》创刊号。

在中华民国时期，与以上经济变化相适应，作为观念形态的文化，也有显著变化。以1915年陈独秀创办《新青年》为标志而兴起的新文化运动，以马克思主义为指导，向传统的封建文化展开了猛烈进攻。五四运动以后，民主与科学的口号深入人心，白话文普遍推广。在教育、科学、出版等事业方面，尤其是在社会科学和文学艺术领域，都有显著成就，一大批具有科学文化素养并追求民主自由的新型知识分子，在各个领域里成长起来，促进社会的进步。封建文化是坚持封建专制主义的军阀所一贯主张的。中国的法西斯文化则是国民党为加强一党专政由德、意贩来并和中国封建文化相结合而形成的。1943年蒋介石发表的《中国之命运》，既反对共产主义，又反对自由主义。文化思想斗争长期不断，在抗日战争胜利后的“建国”问题上更为突出。

中华民国的结束和中华人民共和国的成立

抗日战争胜利后，全国人民和世界人民都关心中国向何处去的问题。中国共产党提出了新民主主义的纲领。中国国民党则要求恢复战前的一党专政的独裁制度。1946年1月，各党各派及无党派人士的政治协商会议所通过的决议，确定了和平、民主的总方针。中国共产党和各民主党派都愿为其实现而努力。国民党在政协会议后不久，抛开会议通过的决议，在美国

◇解放区农民拥护《土地法大纲》

土地改革运动

中国共产党领导广大农民废除封建土地所有制，实行耕者有其田的土地革命。抗战前，中共在根据地领导农民打土豪、分田地、反对重租重息。抗战时为建立广泛的抗日民族统一战线，边区政府以减租减息代替没收地主土地。解放战争时期，《关于清算减租及土地问题的指示》(亦称《五四指示》)把减租减息政策改为“耕者有其田”的政策，获得了广大农民的拥护，农民们踊跃参军参战，支援前线，巩固解放区。1947年9月的全国土地会议制定《中国土地法大纲》，明确了土地改革的方向和办法，各解放区掀起了土改运动高潮。解放战争时期，全国有1.45亿农业人口的地区实行了土地改革，消灭了封建剥削制度，做到了耕者有其田。

的帮助下，于1946年7月发动了对解放区的全面进攻。中国共产党领导下的解放区武装被迫自卫，全国内战再次爆发。中国共产党放手发动群众，在解放区普遍实行土地改革运动，并运用了正确的战略战术，在不到三年的时间内，打败了国民党的军队。

1948年5月1日，中国共产党提出召开新政治协商会议的号召。1949年4月，中国人民解放军占领南京，宣告国民党在中国大陆22年统治的结束。同年9月，中国人民政治协商会议第一届全体会议在北平举行，选出了以毛泽东为主席的中央人民政府委员会。10月1日宣告中华人民共和国成立，国都定于北平，改名北京。

中华人民共和国的成立是中国历史的新纪元，结束了中国大陆由剥削阶级统治的制度，开辟了在社会主义道路上振兴中华的前景。

链接主要参考书目

1. 中国大百科全书·中国历史（三卷）．北京：中国大百科全书出版社，1997

2. [英]崔瑞德，[英]鲁惟一主编，杨品泉等译．剑桥中国史．北京：中国社会科学出版社，1992

3. 徐杏元主编．中国近代史重大事件30例．苏州：苏州大学出版社，1999

4. 齐世荣主编．人类文明的演进．北京：中国青年出版社，2001

5. 白寿彝主编．中国通史．上海：上海人民出版社，2004

6. 陈旭麓著．中国近代史十五讲．北京：中华书局，2008

7. 杨宽等主编．中国通史词典．上海：上海人民出版社，2008